海洋传奇 海难
HAIYANG CHUANQI

主　编：陶红亮

编　委：郝言言　苏文涛　薛英祥　金彩红　唐文俊

王春晓　史　霞　马牧晨　邵　莹　李　青

赵　艳　唐正兵　张绿竹　赵焕霞　王　璇

李　伟　谭英锡　刘　毅　刘新建　赖吉平

海洋出版社

2025年·北京

图书在版编目(CIP)数据

海难/陶红亮主编. —北京：海洋出版社，2017.2（2025年1月重印）

（海洋传奇）

ISBN 978-7-5027-9628-0

Ⅰ.①海… Ⅱ.①陶… Ⅲ.①船舶遇难－世界－普及读物 Ⅳ.①U676.8-49

中国版本图书馆CIP数据核字（2016）第283995号

海洋传奇

海　难

总 策 划：刘　斌

责任编辑：刘　斌

责任印制：安　淼

整体设计：童　虎·设计室

出版发行：海洋出版社

地　　址：北京市海淀区大慧寺路8号
　　　　　100081

经　　销：新华书店

发 行 部：（010）62100090

总 编 室：（010）62100034

网　　址：www.oceanpress.com.cn

承　　印：侨友印刷（河北）有限公司

版　　次：2017年2月第1版
　　　　　2025年1月第2次印刷

开　　本：787mm×1092mm　　1/16

印　　张：13.25

字　　数：318千字

定　　价：69.00元

前　言

自古以来，人类一直被大海无穷的奥秘吸引。早在石器时代，人类已经有了航海活动。中国大陆在石器时期创造的彩陶和黑陶文化的器物，后来在中国的澎湖岛、台湾岛等地被发现；中国东南海岸特有的"有段石锛"，也在菲律宾、大洋洲岛屿、南美洲等地发现，可见古人早已开创了航海之路。

明朝时期，郑和曾受命于天子，组建了一支极其庞大的航海队伍，他率领着 240 余艘船只和众多船员，开始了旷日持久的海上航行。郑和远赴西洋之旅，比欧洲国家航海时间还要早半个多世纪，而他的航海之举，也远远超过近一个世纪后西方各国的著名航海家，如麦哲伦、哥伦布、达伽玛等人。因此，郑和被称为"大航海时代"的先驱。郑和曾先后七次远航西洋，在他的指挥下船队乘风破浪，驶达西欧等地，完成了"海上丝绸之路"之旅，打开了国门。然而，这位历史伟人在第七次返航途中，因积劳成疾在古印度病逝。后来，船队回国，将他的遗体葬入南麓。

公元前 490 年，希腊航海家皮忒阿斯，驾驶小船离开希腊当时的殖民地马西利亚，途经伊比利亚半岛、大不列颠岛

的东岸、粤克尼群岛，并由此向东继续航行，最后抵达易北河口。他开创了西方最早的海上远距离航行。

当时的航海人，并不具备先进的技术，只能凭借对地形、水势的辨认以计远近，通过观测日月星辰来判别方向。这也意味着海航之路更为险峻。

15世纪，欧洲航海家哥伦布，曾先后4次远航北美洲，在帕里亚湾南岸首次登上美洲大陆，开辟了横渡大西洋到美洲的航路，最终为欧洲和美洲带来了持续的接触，成为脍炙人口的航海家。不过，在他远航美洲、途经大西洋时曾发生过一件怪事。当时，他率领着船队，航行至佛罗里达海时，海面突然狂风涌起，浪涛翻卷，一连几天风暴遮天蔽日，船上的所有罗盘也受到莫名干扰，舵手和水手一时间难辨方向，只能任随风浪沉浮。幸运的是，船队歪歪斜斜地从波峰浪谷间摆脱了险境。

哥伦布当时航经的地方，正是被后人称为"魔鬼海"的百慕大三角。这片海域充满了神秘色彩。在海域的上空，它曾使数以百计的飞机凭空消失，让无数船舶莫名沉没，这里气候独特，海浪汹涌，成为令人闻风丧胆的神秘海域。然而，这片汪洋发生的众多离奇事件，至今无人能够解释。

不过，蕴藏杀机的不止大西洋的百慕大三角，还有同样被称为"魔海"的龙三角区。龙三角区位于太平洋海域，不少船舶在航行到此地时，被汹涌的恶浪吞没海底。早年间，人们认为海域下面住着能够吃人的恶龙，故有此恶名。虽然这片"魔海"并无蛟龙居住，但船舶为何无故沉没，至今仍然是谜。

　　神秘的西地中海、变幻莫测的大西洋，还有南极令人闻风丧胆的"魔海"威德尔海，都是过往船舶的致命杀手。其中，南极的"魔海"曾使堪称永不沉没的豪华巨轮——"泰坦尼克"号身沉冰海，造成令世界震惊的惨案。

　　海风、海雾、海浪、火灾、触礁、碰撞等，无不是造成沉船的凶手，在茫茫大海之中，千百艘船舶陨落海底，数万生灵被汪洋吞噬了性命。本书中详细为读者列举了多个真实、生动的海难故事，为读者揭秘海难事故的原因。比如，陨落雾海的豪华客轮、油轮失控引发惨案、船舶爆炸危及四邻等。在介绍海洋历史的同时，又展现了民族英雄舍生取义的精神。

目 录

Part 1
风浪是海洋的第一杀手 ·················· 001

　　自古以来，人类对神秘的汪洋充满了好奇，无数航海人冒着生命危险，驾舟远航，想要揭开大海的神秘面纱。然而，水能载舟亦能覆舟。即使是万吨巨轮，在海上也如树叶般漂浮不定。猛烈的台风、飓风，能掀起数米乃至数十米的巨浪，不知无情地吞没了多少无辜的船舶，使人命丧汪洋。

烟台"11·24"海难 ·················· 002
"沃尔图诺"号悲剧事件 ·················· 005
"来福丸"号大海难 ·················· 009
台风和"屋岛丸"号悲剧 ·················· 011
"狂饮之舟"号的倾覆 ·················· 014
"爪哇海"号葬身南海 ·················· 017
"翡翠海"轮下沉灾难 ·················· 020

Part 2
海雾在海上布下迷魂阵 ·················· 024

　　海雾溟蒙，为船舶布下了重重陷阱。那缥缈的海雾，竟成为航船的致命杀手，无情而贪婪地吞噬一艘又一艘无辜的船舶，淹没成千上万的可怜人。世界上60%～70%的海难，都是因为驶入雾海而酿成的。即使是世界上首屈一指的精良巨轮，也难以逃脱恶浪波涛的魔爪。那如烟的仙境，实则是可怜人的坟墓。

海雾作祟海难频发 ·················· 025
豪华客轮"皇后"号的陨落 ·················· 026

海/难

Shipwreck

大雾溟蒙两船相撞·······································031

怕鬼偏遇鬼，雷达不管用·····························034

Part 3
暗礁浅滩成海上拦路虎·····························039

　　航海之路危机四伏，嶙峋险峻的礁石、凸出海面的浅滩，常使航海人迷失方向。潜在水下的险礁，在人们不知不觉间，以锋利如刃的坚岩无情地割破船舶，不知有多少船因撞上暗礁而沉没；船舶搁浅更是时有发生，远远望去，凸出海面的浅滩仿若人们期待已久的陆地，然而当船舶驶近时，才意识到潜在的危机，无数船只葬身此处。

美国十一舰队接连"碰壁"·····························040

"托里坎荣"号触礁之谜·····························045

海洋污染重大悲剧·····································048

"跃进"号沉没的悲剧·································052

"印迪吉尔卡"号搁浅始末·····························056

Part 4
海中冰山暗藏致命危机·····························061

　　海洋不仅是孕育生物的母亲，也是暗藏杀机的凶手。在北冰洋和南大洋海域，除了生活着鲸类、鱼虾、海豹等动物，它的海面上还漂浮着巨大冰块和冰山。这些冰山常年不化，非常坚硬，能够轻易破坏金属。因此，这些冰山也成为航海船只的致命杀手。

海上冰山沉船多·······································062

威德尔海沉船事件·····································065

永不忘记"泰坦尼克"号·····························068

"日东丸"号冰海遇难·································072

"契留斯金"号冰海遇难·····························075

"探索者"号撞上冰山·································081

Part 5

火灾引发的海上灾难 ···················· 085

自人类航海以来，海难也不可避免地随之而来。除海上的狂风、波涛、浓雾等恶劣的自然条件，人为造成的海难也数不胜数。其中尤为令航海人惊恐的，便是船舶火灾。如今，人们加强船舶消防知识，船舶火灾大大减少，而数十年前，因船员缺乏消防意识引发的悲惨海难，实在令人衰叹。

"共青团"号葬送火海 ···················· 086
"福莱斯特"号意外引火 ···················· 089
超级油轮碰撞引发火灾 ···················· 092
醉驾的船长和糊涂的船员 ···················· 095
"雅茅斯城堡"号失火之谜 ···················· 098
"斯洛卡姆将军"号变火船 ···················· 101

Part 6

大爆炸下的灾难事件 ···················· 106

人类的远洋航海历史源远流长。自从航海与神秘的海洋频繁接触以来，海难就像一个令人生畏的幽灵一样，无时无刻不在缠绕、吞噬着无辜人们的生命。20世纪以来战争频发，军火和弹药成为各个国家、地区壮大自己的重要条件，然而这些危险的易燃物，也为更多更大的海难事故埋下了隐患和祸根。

"格兰开普"号炸毁西基城 ···················· 107

海/难

Shipwreck

"依阿华"号舰爆炸疑点重重 ┈┈┈┈┈ 110

"勃朗峰"号爆炸波及四邻 ┈┈┈┈┈ 113

"长尾鲨"号爆炸沉没深海 ┈┈┈┈┈ 117

"卡斯基依·别尔维尔"号大爆炸 ┈┈┈┈ 120

船舶爆炸波及孟买城 ┈┈┈┈┈┈┈ 123

Part 7
碰撞造成海上大悲剧 ┈┈┈┈┈┈┈ 127

　　每年世界上发生的船难都不在少数，许多船只就此沉没在深海之中。其中，最常见的船难便是两船碰撞。即使是性能优良的船、有丰富航海经验的船员，也难以避免碰撞事故的发生，甚至连制造精良的舰艇、核潜艇也会因撞击而导致另一船舶的沉没。悲剧一旦发生，死神就会牢牢抓住机会，肆意施展它的残忍。

泰晤士河碰撞悲剧 ┈┈┈┈┈┈┈┈ 128

"爱尔兰皇后"号的厄运 ┈┈┈┈┈┈ 131

幸运舰"阴沟里翻船" ┈┈┈┈┈┈┈ 135

核潜艇作孽，民船遭殃 ┈┈┈┈┈┈ 138

核潜艇耍威风，学子丧命 ┈┈┈┈┈ 141

潜艇扎堆相撞引发的惨剧 ┈┈┈┈┈ 146

Part 8
魔鬼海域吞噬一切 ┈┈┈┈┈┈┈ 150

　　浩瀚无际的汪洋不仅充满神秘，同时还蕴藏着重重杀机。汹涌的海浪、怒吼的狂风、溟蒙的海雾，无不成为魔鬼的牙齿。令人生畏的百慕大三角、神秘莫测的大西洋、危机四伏的威德尔海，为过往船只编织了一张血淋淋的罗网，无情、残忍地吞噬海面上无辜的船舶。

令人生畏的百慕大三角 ┈┈┈┈┈┈ 151

神秘莫测的大西洋坟场 ┈┈┈┈┈┈ 155

深海藏匿的"恶龙" ┈┈┈┈┈┈┈ 161

神秘的阿尔沃兰海 ┈┈┈┈┈┈┈ 164

南极"魔海"威德尔海 ┈┈┈┈┈┈ 167

自人类航海以来，海难时有发生，有些海难尚且有迹可循，而有些海难却神秘莫测，令人无法解释。无人驾驶的货船竟在冰海上漂流了50年，更令人震惊的是，船体虽锈迹斑斑却无损坏，这实在难以置信。还有些船舶和舰艇，竟然在航行中神秘失踪，而失踪原因至今无人知晓。

大西洋，神秘的求救信号 ················· 171
"阿夫雷"号潜艇神秘沉没 ················· 174
失踪的"蝎鱼"号 ······················· 177
巨轮杀手"魔鬼海" ······················· 180
"赛勒姆"号沉没真相 ···················· 183

人类航海历史悠久，海难也频频发生。自从人类步入文明社会，科学技术也取得了非凡的成绩。为预防海难，人们在海洋上建立瞭望台、观测台、水下探测器、航线指示标等，虽然有效地减少了海难的发生，但当凶猛的自然力量袭击而来时，人们还是难以抵抗它的威力，受其迫害。

印度洋大海啸 ··························· 188
"岁月"号浸水沉没 ······················ 191
俄罗斯伏尔加河沉船事故 ················· 195
意大利豪华邮轮触礁侧翻 ················· 197

Part 1

风浪是海洋的第一杀手

　　自古以来，人类对神秘的汪洋充满了好奇，无数航海人冒着生命危险，驾舟远航，想要揭开大海的神秘面纱。然而，水能载舟亦能覆舟。即使是万吨巨轮，在海上也如树叶般漂浮不定。猛烈的台风、飓风，能掀起数米乃至数十米的巨浪，不知无情地吞没了多少无辜的船舶，使人命丧汪洋。

烟台"11·24"海难

凶猛的海风，常常将静谧、祥和的海面掀起汹涌的海浪，把海上航行的船只，卷入死亡的深渊。

1999年11月24日13点30分，随着最后一位乘客登上船，客货混装的"大舜"号扬起风帆，正式起航。"大舜"号轮船隶属于山东烟台轮船轮渡有限公司，它是在1999年5月份才从日本购买的。"大舜"号在日本已经有5年的航海经历了，不过它的设备和内部装备依然值得称赞。船长126.24米，宽20米，载重9000多吨，它此次航行承载着260名乘客和61辆汽车，执行往返烟台、大连的任务。

当天下午，"大舜"号离开烟台港口，在海面航行了两个小时后，遭遇到海面突如其来的海风袭击。当时海上已经刮起了七八级的大风，掀起三四米的骇浪，"大舜"号在狂风的袭击下，摇摇晃晃、载沉载浮。随着"大舜"号的前进，海浪越来越大，终于迫使"大舜"号掉头返航。

就在下午4点20分，在狂风和骇浪的冲击下，船在掉头过程中剧烈地摇晃起来。停放在船底的汽车挣开了锁链，粗大铁链和汽车相互摩擦，导致油箱起火，最终一场大火迅速蔓延开来。

刺耳的探火器报警铃惊动了船上的工作人员，还没等工作人员赶到船尾，火势已经非常猛烈。工作人员见火势已蔓延开来，迅速连接好四条水龙准备灭火，然而机舱却不能有效供水。

见此情景，有着19年航海经验的船长曲恒明下达命令："开动水雾灭火系统！报警救援！疏散乘客！"

此时距离养马岛还有1.5海里。"大舜"号发出的求救无线电报响彻四面八方，乘客慌乱地呼叫着求救。

在狂风的怒吼、骇浪的翻腾下，一场悲剧不期而至。

火势在海风的助力下更加猛烈，滚滚浓烟弥漫天空，"大舜"号面临着随时发生爆炸的危险。船长曲恒明赶忙安排乘客穿上救生衣，跑到甲板上准备逃生。有的人甚至用拳头砸碎玻璃，逃到了甲板上。

船长、大副、二副、三副等7人都集中在驾驶台，尽可能控制船体平衡。

然而，由于"大舜"号受损严重，已经完全失去了动力。轮船在海面海漂了6个小时，此时已到半夜。海风依然凶猛，服务员只好把甲板上冻了几个小时的乘客又带回到船舱。22点30分，船舱开始进水，船体倾斜35°。底舱的汽车全部滑向左边，这更加剧了轮船倾斜的方向。23点38分，"大舜"号的右侧接连遭受两个大浪的冲击，只是三五分钟，"大禹"号左舷翻扣，轮船下沉。

"大舜"号翻沉了，驾驶室里的船长等7人都聚在一起。二副周国兴冷静地分析着情势：他身后3米处有一扇通往外面的门，他摸到门框，猛地打开门，救生衣的浮力一下子就把他拽到了海面。这时候，他看到了"大舜"号自动弹出的救生艇漂浮在汹涌的海面上。他朝着最近的救生艇游去，救生艇上伸出一双友善的手，一把将他拉了上去。

现代大货船

原来是一直围绕在"大舜"号船边，准备救援的海军军舰将周国兴救上了船艇，同时还救起了 12 名落水的乘客。

此次海难的幸存者张是元说，出事的时候，他正在船舱里睡觉。猛地听到船上的乘务员大喊："快穿救生衣，到甲板上去！"当时船体摇晃很厉害，人根本站不稳，船上的乘客纷纷跳入冰冷的大海，他也跟着跳了下去，这时一个大浪冲了过来，张是元抬头一看，恰巧身边有一个救生圈，围着三个人。过了一会儿，一艘军舰急速驶来，救起了他们四个人。

跟随着疏散跳入大海的人群中有水性极好的船员马沐池，他在漆黑的夜色中凭着自己的经验，摸索着往岸边游。"海上太黑了！什么都看不见，我只能望着天往北游。一个浪头打得我半天都冒不出海面，海水直接往嘴里灌，冰冷咸腥。我拼命游了两个多小时，四周没有人也没有船只，当时连求生的念头都没有了！就在我放弃挣扎的时候，猛然感到脚下踩到了地，我一下子就跪到了海水里！"当时烟台医院的医务人员赶来救援，见到海边不远处有人影，立即把他抬上了救护车，送到了医院治疗。

在这一批获救的生还人员中还有徐志潮、雷秀光和一位姓宋的船员等 12 人，其中有一位姓朱的 27 岁的年轻人，他和父亲是为了运水果乘船到大连。他躺在病床上，极其痛苦，虽然自己生还，但是老父亲可能已被大海吞噬了生命。

广东人徐建洵是最后一个上船的人。当时火势凶猛，为了逃生，他用拳头砸碎了玻璃，这才从舷窗逃了出来。还有 6 个人也是从这个砸开的船舱逃出来的，但遗憾的是只有 4 个人获救。徐建洵获救后，他的右手缝了十几针，他说："这只手就是残废了也值。"

董颖是"大舜"号上唯一获救的女乘客。当时她穿着救生衣，幸运地遇到了一条救生艇。董颖尝试了几次，始终没有爬上救生艇。在狂风骤浪中，董颖无助地放声大哭。这时，她遇到一位和她一样遭遇的金大哥。好心的金大哥将董颖拖上了皮筏艇，两人终于坚持到救援队的到来。虽然董颖获救，但金大哥却没能生还。

在此次航海事件中，"大舜"号上共有260名乘客、41名船员以及61辆汽车。然而生还者只有36人，还有5人失踪，至今未被找到。

"沃尔图诺"号悲剧事件

海难往往祸不单行，在狂风巨浪的催化下，熊熊烈火也随之而来。"沃尔图诺"号海难就是一起双重灾难下的悲剧。"沃尔图诺"号是荷兰皇家海运公司的一艘3000吨的小客船，它由鹿特丹港开往纽约。1913年4月2日，这艘小客船离开了鹿特丹港。船上有600多名旅客和57名船员。货船里还装着许多化学制品、汽油、麻布、泥炭等易燃物品。一个星期后，它来到了大西洋海域。

大西洋历来是风大浪高的海域，自古以来有数不清的船只和航海家在此葬身鱼腹。黎明前，北风忽起，掀起排排巨浪，凶狠地扑向甲板。"沃尔图诺"号在波涛中，艰难地前行着。海员们对这样的突变天气早已司空见惯，但是乘客却受不了海浪的猛烈冲击，大部分人吐得天昏地暗，仿佛在鬼门关徘徊一样。他们谁也没想到，真正的死神已经向他们伸出了双手。

早晨7点钟，值班的三副最先在驾驶台上发现一号舱的舱口冒出了浓烟，他立即打电话向船长汇报此事，随后就与另一名值班海员奔向楼下的消防间，三副抓起一件防毒面具，就冲进了一号舱。然而，救火心切的三副却犯了船只消防大忌。海面风起云涌，就在他打开舱门的一瞬间，一股明火和气浪以迅猛之势朝他和另一名海员扑了过来，炙热的火舌在海风的作用下，迅速蔓延。赶到驾驶台的英奇船长立即命令机舱启动水泵，闻声而来的海员们以最快的速度接起消防水带，向舱室喷射出一条汹涌的水龙。

然而，已经为时过晚。火借风势，风助火威，火势毫不减弱。由于船舱里装着很多易燃物品，一遇到火源立即火烧连营。很快，二号舱也被点燃了。虽然海员们做了各种努力，可火势却越烧越猛。到了10点左右，大火已经完全无法控制了。海员们心急如焚，乘客们惊慌失措地呼喊着救命，船上一片慌乱。

英奇船长一面冷静地指示海员发出求救信号，一面命令海员准备好救生艇，准备撤离。但是英奇船长明白，"沃尔图诺"号面临双重危险：船上是熊熊烈火，船下是狂风巨浪。坐待救援才是万全之策。此时，客船上的大火已经从下层甲板烧到了主甲板上，虽然有几只救生艇放入了海面，但转眼工夫，这些小艇就被海浪掀翻，随后消失在海面上。

焦急之中，终于盼来了希望。正在74海里外航行的"卡曼尼亚"号货船收到了"沃尔图诺"号发出的求救信号，巴尔船长立即下令全速赶去救援。不久后，美国大西洋运输公司的轮船"克鲁兰德"号、德国轮船"赛德列茨"号、法国轮船"拉土雷纳"号等18艘大型轮船在收到求救信号后，相继朝"沃尔图诺"号驶来。

就在等待救援的时间里，船上又出现了新的情况：一群人跑到甲板上大喊大叫，原来大火在锅炉房的隔壁猛烈地燃烧，锅炉房根本无法停留。英奇船长和几个高级海员走到甲板上，命令一群跑上来的轮机员回到自己的岗位上。但是他们并不听从命令，这些人无比哀怨地喊道："我们不下去！我们会被烧死的！"船长郑重其事地告诉他们要以大局为重，但这些轮机员仍然无动于衷。突然，船长从腰间掏出手枪，指着他们说："统统回到工作岗位去！不然，我就开枪了！"在枪口面前，这群人只好慢慢吞吞地顺着梯子走了下去。

遇难的客船

局势刚平稳了一些，船上的乘客又开始叫嚷着要求多放几艘救生艇。看到前面几艘救生艇的命运，英奇船长已经下令停止使用那些救生艇。一些极度恐惧的船员和乘客悄悄放下一艘救生艇，仓皇离船，然而只是眨眼之间，小艇就被风浪掀翻了，落水者狂呼"救命"。船上的人刚刚抛下绳子，落水者就已消失在海面上。

不久后，"卡曼尼亚"号货船破浪驶来，"沃尔图诺"号上一片欢呼，但很快欢呼声就变成了绝望的哭声。此时，"沃尔图诺"号已经被海风和大浪摧残得面目全非，船首浓烟滚滚，火借风势，呼呼直响。见此情景，巴尔船长下令驶近"沃尔图诺"号，然而，在风浪和烈火的阻挠下，"卡曼尼亚"号根本无法靠近。

巴尔船长组织大副带着船员放下一艘救生艇，并系上一根缆绳，虽然大副等人拼尽全力想要靠上"沃尔图诺"号，却因风浪太大以失败告终。巴尔船长将大副和船员拉上船后，冒着引火烧身的危险，再次向"沃尔图诺"号靠近。此时两船相距 30 米。"卡曼尼亚"号的船员们纷纷解下救生艇的绳子，将小艇放入水中，但救生艇在大风大浪中转眼间就被吞没了。

傍晚时分，其他救援船也相继赶到，却都遇到同样的困难，爱莫能助。"沃尔图诺"号上的几百名乘客和船员陷入了绝境，船上烈火熊熊，船下波涛汹涌，狂风呼呼作响，救援船虽近在咫尺，仿佛又远在天涯。眼看"沃尔图诺"号就要沉没，人们急得像热锅上的蚂蚁，慌张无措。

突然，一声巨响，"沃尔图诺"号上响起了一阵阵爆炸声，甲板断裂，驾驶台"呼"的一下燃起了大火。船上一片混乱。这时，英勇的英奇船长镇定自若，竭力组织船员和乘客，避免伤亡，尽管他的头发、衣服、鞋子已被飞溅的火花烧着。他的举动感染了所有船员，他们一个个坚守岗位，安抚乘客。

巴尔船长心如刀绞，他虽然率先赶到事发现场，却没能成功救援，眼见"沃尔图诺"号陷入绝境，巴尔船长不甘袖手旁观。他命令船员向附近的油船呼救，想通过放油，来压住海浪，好放艇救援。很快，"纳拉甘斯特"号油轮隆隆驶来，再次点燃了人们的希望。巴尔船长命令船员们在海面上浇上一层浮油雾，在油的压力下，海面渐渐平静，波涛悄悄消失。18 艘救援船立即纷纷放下救生艇，水手们拼命划桨，全力救人。

此时"沃尔图诺"号已经首尾是火，非常危险。英奇船长采取了当年"泰坦尼克"号的做法，先救妇女和儿童。他命令船员们在主甲板上拉上一根缆绳，让男人站在绳内，妇女和儿童到船边去，等到妇女和儿童都撤离后，男人才接着撤离。船长是最后一个离开的，他的衣服已经被烧成破布，他一手拿着航海日志，一手抱着船上的一条小狗。

当船长离开时，"沃尔图诺"号已被大火吞没了，不久就沉入海底。就在船沉没的瞬间，海面的浮油立即被点燃，连成一片火海。幸运的是，救援船已经向安全海域驶去。在这场狂风烈火的海难中，有521人获救，136人失踪，失踪的人大多是因抢坐救生艇落水而失踪的。

"来福丸"号大海难

1924年9月7日，井关彦太船长率领37名船员，驾驶"来福丸"号离开码头，向大西洋开去。这是一艘散装货船，主要来往于大西洋的各大港口，这次它的任务是把北美洲的大麦运往欧洲。

"来福丸"号破浪而行，终于在1925年4月19日来到了美国波士顿码头，并在那儿装载了7400吨小麦，随后向德国的汉堡码头进发。4月21日清晨5点50分左右，这艘货船行驶到加拿大哈利法克斯码头以东200海里处，即北纬41°30′、西经61°41′附近海域。

此时，海面波涛汹涌，狂风掀起数米高的浪头，恶狠狠地拍打在船的甲板上，暴风雪卷席而来。"来福丸"号如同一片树叶，在海浪中漂浮不定，载沉载浮。剧烈的颠簸和摇晃，使上甲板的救生艇全部遭到破坏，船身也遭受了严重的损坏，开始横倾。在这紧急关头，"来福丸"号发出了求救电报："紧急情况！暴风雪使我船救生艇全部毁坏，船身下倾30°，已不能自主航行，要求紧急救助……"

正在大西洋航线上向纽约方向航行的豪华客轮"霍曼利柯"号，收到了"来福丸"号的呼救电报。此时，它正在"来福丸"号以东100海里的位置。收到求救信号后，船长立即下令，以20节的全速赶赴失事地点，准备营救"来福丸"号上的船员。在营救途中，"霍曼利柯"号收到了"来福丸"号发来的最后一次电报："危险，赶快前来……"

上午 11 点左右，全速赶来的"霍曼利柯"号，终于在水天线上发现了"来福丸"号的身影。随后，罗伯茨船长在遇难现场发出了以下电文："风向东北，风速 22 米 / 秒，浪高 8 米，海面风雪交加，视线模糊不清。"

"霍曼利柯"号从上风头靠近"来福丸"号时，发现船已经向右倾斜 60° 了，十分危险。为了看清甲板上是否有幸存者，"霍曼利柯"号又从下风头 100 米处接近"来福丸"号，准备随时进行救援。然而，罗伯茨船长并没看见船上有人影，就连海面上也没漂流者，只有一些救生圈和破木板漂浮在海面上。于是，罗伯茨船长立即下令放下救生艇，以便救助遇难者。

11 点 55 分，这艘面目全非的货船，在狂风巨浪之中颠覆，最后沉没大海，但是却没有人跳海逃生。到了 12 点半，罗伯茨船长认为救援无望，于是下令离开遇难现场，向纽约开航。

4 月 22 日，日本国际汽船公司得知了"来福丸"号遇难的消息，他们赶快联系驻纽约的工作人员，查问"来福丸"号船员的下落。事

船沉没

发后的第二天，该公司专员乘坐从波士顿开航的与"来福丸"号同型号的"波士兰丸"，赶往失事地点调查。与此同时，日本请求加拿大政府协助"来福丸"号的救助工作。随后，加拿大海军部与渔业管理局，派出救援船"哈里普科斯"号接受任务，前赴现场搜救。

4月24日，"波士兰丸"号赶到出事地点，和另外2艘加拿大救援船一起，在范围广阔的海域里搜寻遇难者的下落。此时，天气仍然恶劣，海面狂风涌起，骇浪滔天，很不利于搜救。救援组向附近航行的船只询问，也没有得到失事船员的相关线索。历时5天的搜救行动，最终以毫无结果而告终。

"来福丸"号遇难突然，当时第一次收到求救信号的"霍曼利柯"号，只知道"来福丸"号严重横倾30°十分危险，并不知道它的遇难原因。而第二次的呼救很短促，对方也没有说明它为何遇难。那么，"来福丸"号究竟是什么原因倾覆的呢？

据相关人士分析："来福丸"号是在第一次世界大战中成批建造的，因此它的质量并不是很好。事发当天，风浪云涌，波涛澎湃，"来福丸"号很有可能遭遇了流冰的袭击，致使船身受损海水涌进；在横倾的情况下，大麦会向一侧移动，这使横倾的角度加剧。由于大麦未堆满整个船舱，在严重横倾时，就会自由移动，逐渐促使"来福丸"号的横倾加剧到60°，最终在海浪的冲击下，船体颠覆，葬入深海。

台风和"屋岛丸"号悲剧

20世纪上叶，日本九州南部意外遭遇了台风的袭击。当时，凶猛的台风穿过兵库县西部向东北方向推进，将正在海面上航行的"屋岛丸"号客船卷入深海，造成了数十人身亡的惨案，人们称之为"屋岛丸台风"。

风浪是海洋的第一杀手

1933 年 10 月 10 日清晨，一个台风在雅浦岛南部形成。12 日清晨，到达雅浦岛西北 500 千米处，风力愈发增强，并向西北方向快速移动。19 日上午 6 点，到达中国台湾以东的石垣岛时，台风中心气压为 946 百帕，风速为每秒 33 米，并以每秒 40 千米的速度向东北方向移动。20 日清晨 4 点钟，台风在九州登陆。上午 6 点钟左右，它以迅猛之势经过宇和岛，横穿濑户内海，正午时分，又在兵库县登陆。当台风越过冈山、广岛、山口、岛根、鸟取 5 县时，中心气压为 982 百帕。黄昏时，台风穿过若狭湾。台风中心距离"屋岛丸"号最近的时间是中午 12 点 30 分左右。

1933 年 10 月 18 日晚上 8 点钟，"屋岛丸"号从大阪码头出发，经过神户、高松等码头，于翌日抵达别港府。当天下午 6 点，"屋岛丸"号再次离开码头，经过多个港口，于 20 日上午 7 点 40 分抵达高松码头，在那里接上 65 名乘客后，载着包括船员在内的 122 人，于当天上午 7 点 55 分起航，向神户方向驶去。

"屋岛丸"号总重 947 吨，是一艘装有燃煤的活塞式蒸汽机客轮。这艘双烟囱三级客船被限定沿海航行，它与"紫丸"号一起往返于大阪与别府之间的客运航线。

当天上午 9 点，盐见船长收到大阪中央广播电台发布的气象预报："中心气压为 973 百帕的台风，正以每小时 50 千米的速度向东北方向移动，航行于济州海面的船只要特别注意。"当时"屋岛丸"号所处的海域气压低于 988 百帕，而且它远离台风预报的推进航线，所以船长对天气的变化并不重视。客轮继续保持原速航行，经过稻木岛时，船长让二副值更，自己则回到船舱内休息。

半小时后，"屋岛丸"号看到了不远处小豆岛的大角鼻灯塔，于是二副将航线定为北 76° 东，在播磨滩水域全速航行。这时候，风浪逐渐增大，船体摇摆不定，船身开始向左倾斜。上午 11 点左右，船左舷 1 海里处的鹿濑灯浮标由于下雨而难以辨认。为确保安全，"屋岛丸"号将航向稍稍转向右方，不久便看到了淡路岛的影子。此时，航向为北 68° 东。

中午 12 点左右，"屋岛丸"号经过距离右舷 0.7 海里处的江琦灯台时，二副下令以南 68° 东的航向驶入明石海峡。"屋岛丸"号刚刚通过明石海峡，海面上风雨云涌，南风汹涌而来的风浪使淡路岛模糊不清，船体的倾斜度也急剧加大，但是"屋岛丸"号仍然在继续前行。

12 点 28 分，客轮接近平矶灯标，值更的二副按惯例向船长报告。当时，盐见船长从舱内不时观察海浪的情况。1 个小时后，"屋岛丸"号经过鹿濑时，海风突然变了方向，由东南转向南，当时船所在的水域气压为 982 百

日本平矶塔

帕。在短短的 1 个小时里，气压竟然下降了 3 百帕，这表示"屋岛丸"号已经在台风的范围内了。盐见船长不知道的是，午间气象预报已经发布："一股强劲的台风，已转向东北方，正向大阪湾方向移动。"然而不知情的船长，听取了二副的航行报告并登上了驾驶台。

2 分钟后，"屋岛丸"号通过北 22° 东 0.7 海里的平矶灯标时，

气压降到 980 百帕，台风方向为南东，风速为每秒 25 米。这时，风起云涌，船体剧烈晃动着向左倾斜。为了能驶入神户码头，"屋岛丸"号将航向转向北 84° 东，然而船身却摇晃得越发厉害。

12 点 40 分，一个巨浪突然恶狠狠地拍打在甲板上，水花甚至溅到了船舱。由于"屋岛丸"号是一艘毫无改装的三级客轮，海水轻而易举地从各个舱口涌了进来，致使船体越来越向左倾斜。巨浪连续不断地涌上甲板，情况变得更加严重了。尽管船长立即下令减缓了航速，但船体的倾斜度仍在增加，想要继续航行是根本不可能了。

15 分钟后，船长决定将"屋岛丸"号在摩海岸的浅滩搁浅。在无可奈何的情况下，只有把船头对着风浪的方向稳住。水手们投下左锚，启动发动机并转舵，试图使船向右侧转。与此同时，船长下令放下救生艇，通知乘客上艇，并向岸上发出求救信号。

就在这时，船头因为向右过度急转，使船身一下子转向了西面，造成了左舷前方受到风浪的严重袭击，大量海水涌进了船舱。在救生艇放下不久后，船尾处便开始下沉。此时是下午 1 点 05 分，"屋岛丸"号距离平矶灯标 6.2 千米。

首先发现"屋岛丸"号遇难的是须磨浦渔业合作社，人们立即派出渔船试图救援，然而巨浪使渔船根本无法出行，最后只好用无线电和大阪商船公司神户分公司联系。

神户海关兵库县港务部、神户水上警察局、大阪商船公司的汽艇和渔业合作社的渔船，以沉船露出水面的桅杆为中心，进行了连续几天的搜寻救援。然而，船上的 122 人中，只有 55 名被救起，共有 39 名乘客和 26 名船员被大海夺取了生命，另有 2 名乘客下落不明。

"狂饮之舟"号的倾覆

自从 20 世纪著名的"泰坦尼克"号巨轮沉没冰海，造成 1503 人惨死之后，世界上再也没有一个造船厂敢保证有哪艘船舶是不会沉没的。然而各种事实证明："狂饮之舟"号是绝对安全的。"狂饮之舟"号是一艘重达 1.5 万吨，有 14 年航龄的巨轮，它采用德国制渡轮的精心设计，并具备足够的防救设备，而且海员全都是些航海老手。还有最重要的一点，那就是它在出航之前，做了一次全面的检查。按理说，这艘渡轮应该不会沉没，然而事实却并非如此。

1994 年 9 月 27 日，"狂饮之舟"号渡轮从爱沙尼亚的塔林市起航，前赴瑞典首都斯德哥尔摩。当时，船上承载了好几个度假旅游团，其中还有 64 名斯德哥尔摩籍的便衣警察和来自瑞典的 5 位退休老人，船上共有 1049 名乘客，这仅是满载量的一半，可见"狂饮之舟"号的雄伟。旅客们全都兴高采烈，准备好好地享受一番海上航行的美好时光，甲板上的酒吧和餐厅早已是座无虚席。

然而，渡轮没航行多久，海面上就狂风涌起，骇浪滔天。风暴掀起数米高的浪花，猛烈冲击着"狂饮之舟"号。尽管这并不是这一年中最大的风暴，但人们还是隐约感到惶恐和不安。晚上 8 点 30 分，也许人们经受不起风浪的折磨，酒吧里的乐队便早早收场了。午夜刚过，一场可怕的灾难从天而降。主机房里，25 岁的值班机械师西拉斯特突然从监控视频中看到集合前舱门正在进水，他以为这是打在船上的暴雨和海浪，便打开水泵向外排水。可是，没过几分钟，海水便一下子涌进了底舱的停车库里，水没过了膝盖，水泵已经无济于事了。这时候，船体已经开始向左舷急剧倾斜。西拉斯特一看大事不妙，纵身一跃跳入海中。不一会儿，随着一声巨响，"狂饮之舟"号的烟囱倒在了水面上。接着船底朝天，船很快就沉入了 80 米的深海之中。

据估计，从发现险情到沉船，整个过程不到 15 分钟。人们接到的唯一警报信号的时间是 28 日凌晨 24 分。在骤然倾倒的客舱部，乘客们纷纷涌出舱房，挤在走廊和楼梯上。在走廊的甲板上，还躺着许多昏迷和受伤的乘客。可此时人们逃生心切，只好狠心地踩着他们的身体跑了出去。一些老年人已经绝望了，无助地坐在那里哭泣；许多孩子抓着舷梯的栏杆，拼命地哭喊着，希望大人可以来救他们。可是，人们已经顾不上他们了，纷纷四散逃亡。

当渡轮沉没海底后，海面上除了风暴的狂啸，就是妇女们歇斯底里的尖叫。海面上倒映着几十个随风波动的斑点，它们是固定在救生筏和救生衣上的应急灯。大部分从沉船中逃出的人，即便穿着救生衣，也都浸泡在冰冷的海水中。在接下来的 1 个小时里，不少人因无法抗拒海水的冰冷而失去了生命。有一些幸运儿爬上了救生筏，却也并非

救生艇

人人都能生还。

最先赶到失事现场的船只是芬兰的"马瑞亚拉"号。此时，已经是凌晨 1 点 30 分左右。不少落水者经不住严寒的折磨，就此失去了生命。不久后，又有其他船只和 6 架不同国家派出的直升机先后赶到。他们所救起的人员中，有些人已经奄奄一息，甚至有人很快就咽了气。幸存下来的只有 140 人，而遇难者总数竟高达 900 多人。

灾难发生后，瑞典、爱沙尼亚和芬兰的专家们迅速组成了一支联合调查队。他们利用声呐探测仪对出事海域进行了调查，初步结果表明，灾难的起因应该是前舱门进水。其实，早在航行之前，船员们就注意到前舱门上的橡胶皮已经破损。据猜测，"狂饮之舟"号的外层前舱门不是松开就是完全脱落了，而内层单薄的前舱门是抵挡不住汹涌海浪的拍击的。于是，海水很快就冲进了停车库里。一般情况下，只要船体进水 1000 吨，轮船必定颠覆无疑；然而，"狂饮之舟"号底舱里的积水已经超高 35 厘米，早已超过轮船积水量极限，葬身海底也是必然的命运。

"爪哇海"号葬身南海

1982 年 9 月，我国海洋石油总公司与美国阿特石油公司签订了合作开发我国南海石油和天然气的合同。被称为"全天候钻井船"的"爪哇海"号租给了阿特石油公司，并于 1983 年 3 月抵达我国三亚港。

"爪哇海"号是美国于 1974 年建造的一艘自航式钻井船。它全长 120.2 米、宽 19.8 米，最大吃水 6.4 米，排水量 1.1302 万吨，双轴螺旋桨，航速 10 节，有 10 个 13.6 吨的大锚，设计工作水深 305 米，钻井能力为 7620 米，能够抵御 12 级以上的风。由于它设备先进，工作效率高，能在各种条件下作业，因此船长自豪地称它为"全天候钻井船"。它曾先后在美国、墨西哥、委内瑞拉等海域钻探作业，共打下70余口井，为海底石油的开采立下了汗马功劳。然而，这艘大名鼎鼎的钻井船，却因船长的自负从此葬身南海。

1983年8月，检修一新的"爪哇海"号进入了我国南海的莺歌海"乐支30-1-1井位"，开始了紧张的钻探作业，我国南海西部石油公司工作船"南海205"号担负现场配合"爪哇海"号作业的任务。

10月22日，也就是16号台风形成的第二天，"南海205"号为"爪哇海"号送来淡水、燃油食品等货物补给，并告知了16号台风的位置和趋向，建议立即收桩返港避难。然而桀骜自负的"爪哇海"号船长却不以为然，他说："我们美国钻井船是不怕台风的。""南海205"号见劝告无效，无奈之下只好在它的侧后下锚，舍命相陪。

10月23日，"爪哇海"号船长再次接到了台风通知的电文：中国第16号台风正向你船所在位置移动，台风中心最大风力12级以上。然而这并不能撼动"爪哇海"号船长的决心，他下令继续作业。

10月25日凌晨，莺歌海上风力达到了9级。城墙一样的海浪张牙舞爪地扑向处在台风进路正前方的"爪哇海"号和"南海205"号工作船，瓢泼大雨从天而降，海上一片混沌。中午时分，16号台风以摧枯拉朽之势向毫无遮挡的两船锚泊区扑来，奔腾怒吼的惊涛骇浪席卷着海上的一切。仅有5000余吨的"南海205"号在台风的摧残下，破碎了大部分电灯，物品散落得到处都是，船员们几乎全部晕船呕吐。即使是这样的危急关头，船员们仍然关心着"爪哇海"号的安危。"爪哇海"号的船长和船员也很担心"南海205"号的安全，几次致电"南海205"号有什么需要。

当天晚上7点，"爪哇海"号虽然抛下了9只重锚，但也难以抵抗猛烈的台风，庞大的船体在海面上载沉载浮。然而，台风的威力只增未减，船和船员面临着严重的困境。尽管如此，自负的船长仍没有

钻井船

下达抵抗台风的指令，只是下令驾驶员开车顶浪。

晚上 9 点 10 分，台风风力加剧到 12 级以上，掀起十几米高的海浪，几根碗口粗的锚缆一下子被崩断了。这时，"爪哇海"号船长才意识到事态的严重，他语气紧张地向"南海 205"号通报："我船摇摆度增至 30°，餐厅碗盆摔落。"11 点 15 分左右，"爪哇海"号再次发来报告："船体右舷的第六舱与第七舱之间的舷板出现一道大裂缝，海水迅猛地涌进了这两个船舱。"接着又报告：主机发生故障，探纵失控……

到了凌晨，"爪哇海"号突然与"南海 205"号失去了联系。原本一片灯光的锚泊区，此时已经灯灭影消。"南海 205"号猜测，"爪哇海"号很可能在操作失控后，船体打横，向右倾斜，最后身沉大海。不过，由于吨位比它小很多的"南海 205"号当机立断采取了抗台风的措施，因此安然无恙。

事故发生后，我国有关部门立即组织舰艇、船只和飞机，冒着生命危险赶赴莺歌海，进行搜救。在短短的几天里，先后出动了22艘舰船和6架飞机，在6300平方千米的海域内进行搜寻，除了捞起一些漂流物外，没有发现人和船的踪影。最后，救援队通过声呐探测、潜水探摸和水下录像，证实"爪哇海"号沉没在94米深的海底，而船上的81人无一幸免。

"爪哇海"号的沉没是一起国际罕见的海难事故，引起了世界航运各界的很大震动，各国电台和报纸纷纷对此事作了报道。在推测事故原因时，人们还对美国环球海运公司阿特石油公司的能力表示怀疑。为了查清事实，美国专门租赁了一艘外籍勘察船——"史密斯·马克拉"号赶赴出事海区，国家运输安全委员会组成了一个调查组，云集了各方面的专家和权威，花了将近一年时间，终于查清了事故原因，并写出了一份长达77页的事故报告。最终人们得出结论：发生这一悲惨时间的主要原因是，"爪哇海"号船长思想上的盲目自信，不按客观规律执行任务，一意孤行，指挥不当，致使如此悲痛的事情发生。

"翡翠海"轮下沉灾难

1998年2月7日傍晚，中国南海海域阴风朔朔，烟雨瓢泼，一艘中国货船驶进了海面的中心区域。船壁上"翡翠海"轮几个大字清晰可见。它在印度某港口装上了2.7499万吨的进口矿粉，此刻正欲绕着南海驶往中国南京港。然而，这艘货轮却在返航的途中，遭遇大风浪的袭击，最终沉没深海。

"翡翠海"轮建造于1973年4月，是英国某造船厂建造的散矿船，后来被青远公司花重金收购。它全长178.31米，宽27.09米，总重1.8972

万吨，运营航速 12 节，并且配有 2 艘救生艇，是一艘具有丰富航海经验的货轮。

1998 年 1 月 27 日，当地时间凌晨 2 点 15 分，"翡翠海"轮从印度某港口装上 2.7499 万吨进口矿粉驶往南京港。"翡翠海"轮起航后，立即向公司发出了离港报告。离港后"翡翠海"轮每隔两天，就会向公司报告一次船位。2 月 7 日中午，"翡翠海"轮发来报告说，货轮航行至北纬 08°27′，东经 109°41′，正以 9.8 节航速匀速前进，再有 7 天货船就可以抵达长江口了。

2 月 7 日晚饭后，老轨、二轨、三轨、机工长、大厨等船员打了会儿扑克，打完后正在看录像时，当班的四轨神情慌张地从机舱上来，小声地跟二轨说了几句话就离开了，二轨立即下机舱检查。到了晚上 9 点 40 分，二轨从机舱上来，他告诉船长说，主机油循环油柜油位下落得很快。随后，老轨与二轨、三轨、机工长一起下舱检查，确认主机机油油位下降约 30 厘米，但没有发现漏油现象。二轨说油舱的量油孔在机舱里，于是三轨就拿出量油尺测量，发现油位下降了 30.5 厘米，立即跑到操控室将此情况向船长报告。船长当即打电话到驾驶台，交代了几句话后，又叫三轨再开另一部发电机（平时只开一部），并吩咐说："等会儿排水。"这时，机舱里的大厨去甲板上倒水，回来说："船好像有点往下沉。"船长便让木匠去叫水手长勘察情况。

当时水手长已躺下休息，木匠跑来告诉他，船长让他派一个人和自己一起去前面量水，水手长便马上穿上工作服和雨衣与木匠一同前往量水检查。两人来到一舱和二舱间的交界处，但因涌浪上来，无法量水，同时他俩还发现甲板的水逐步在向后移。两人赶快把这件事情告诉了船长，当时船长、二副、三副和报务员都在驾驶台。

由于出现了异常情况，从晚上 10 点 14 分起，"翡翠海"轮曾三次要求与总公司通话，但一直未能接通，直到 10 点 20 分，轮船第四

现代巨船沉没

次申请通话成功，船长郭林向公司调度室的值班人员报告说："天气骤变，现在风浪很大，我船一舱进水，舰首下沉，船位是北纬 9°30′，东经 110°30′……"刚说到这里，电话就中断了，随后改用高频电话发布了遇险信息。

与此同时，前往雅加达的"青云"轮在航行过程中，收到了遇险呼叫：我船正在……北纬 9°30′，东经 110°30′……下沉。由于杂音干扰，"青云"轮没能听清船名。船长马玉槐凭着对呼救者的发音判断，这可能是中国船，随即在同一频道上直接用中文大喊："刚才的遇险船是不是中国船，我是中国船'青云'，听到请回应，听到请回应……"然而，听筒里再也没有传来任何声音，信息就此中断了。此时，马船长命令三副通知政委、电报员等有关人员上驾驶台，决定立即前往出事地点救援。

此时，海风愈发猛烈，骇浪滔天，黄豆大的雨点砸在铁板上，发出"咚咚"声响。晚上 10 点 25 分，两船终于再次取得了联系。由于听不清船名，"青云"号问道："你船呼号是什么？""翡翠海"轮回复："我船轮呼号 B—O—C。"根据呼号，"青云"号断定遇难轮船是国船"翡翠海"轮。

晚上 10 点半，"青云"号调转船头，向出事地点驶去。"青云"号再次了解到"翡翠海"轮的处境，得知"翡翠海"轮正在下沉，船位是北纬 9°30′，东经 110°30′。随后，"青云"号告诉"翡翠海"轮："我是'青云'，现距你船 30 海里，正在向你船靠近。"

晚上 10 点 39 分，青远公司与"翡翠海"轮接通电话，船长汇报弃船。但二十几秒后，通话就中断了。

事故发生后，交通部及时向国务院做了报告并对这起事故非常重视，亲自组织和指挥海上搜救，部署事故调查工作。中远集团和青岛远洋运输公司在事故发生后，立即成立了 34 个善后小组，3 人一组，深入每一家庭开展积极细致的工作，并做好事故的善后处理。

尽管救援人员已经全力搜寻，但获救人员只有 4 人，由于他们都不是驾驶人员和当班船员，所以"翡翠海"轮事故原因还有待调查。调查组克服困难，本着客观、严肃、认真和实事求是的原则，经过分析，对"翡翠海"轮沉没事故做出了一份报告。调查报告中说："翡翠海"轮在航行期间受到涌浪的影响，同时船舶老化和可能存在的隐蔽缺陷，致使船壳破损，导致大量海水涌入船舱，致使船舶失去浮力，船首向下迅速沉没。

Part 2

海雾在海上布下迷魂阵

海雾溟蒙，为船舶布下了重重陷阱。那缥缈的海雾，竟成为航船的致命杀手，无情而贪婪地吞噬一艘又一艘无辜的船舶，淹没成千上万的可怜人。世界上60% ~ 70% 的海难，都是因为驶入雾海而酿成的。即使是世界上首屈一指的精良巨轮，也难以逃脱恶浪波涛的魔爪。那如烟的仙境，实则是可怜人的坟墓。

海雾作祟海难频发

海雾是一种天气现象，它一般是在海洋的直接影响下形成的，大致可分为两类：一是受海面因素影响形成的雾，如平流雾、蒸汽雾、混合雾等；二是在天气系统影响下产生的雾，如雨雾等。

海雾的形成与海面温度、海气温差、气流风场、水汽含量存在相当大的关系。当暖空气从温暖的水面流向冰水面时，暖空气降低就会冷却降温，从而凝结成水汽，继而以液体水滴的形态悬浮在海面上空，从而形成海雾。由于这种雾主要是靠暖空气在冷海面上的平流运动形成的，因此它也叫平流雾。海洋上绝大部分雾都是平流雾，如白令海峡、鄂霍茨克海以及北海道东岸的海雾都是平流雾。其中日本以东的海面，受暖冷空气影响较大，因此它也被称为"海上雾都"。

我国渤海、黄海、东海和南海等海域是太平洋的多雾区之一。在北部湾和南海北部，海雾分布较广，宽约一二百千米，舟山群岛一带约三四百千米，黄海6月份几乎全部都是雾区。沿海分布的另一特点

海雾溟蒙

是南少北多。因此，海南岛以南和台湾以东海面海雾极少出现，而黄海中部、南部、长江口以及舟山群岛和北部湾则海雾较多。

海雾宛如一个调皮的精灵，神出鬼没。上一秒还是阳光普照的晴朗天气，下一秒便四面涌起，为湛蓝的海面笼罩一层薄纱，随后愈发浓重，以致遮天蔽日，使航海人什么也看不清。

海雾的出现使海面能见度降低，这对航船人而言，可说是无形的杀手。大雾涌起时，海面白茫茫一片，航船人不仅会迷失方向，就连两船相撞的惨剧也时有发生。最早因海雾受困的是著名航海家哥伦布，他在探险北大西洋时遭遇了海雾的袭击。当时海上茫茫一片，伸手不见五指，浓重的海雾和风浪的双重催化，差点使船只颠覆。

因为海雾而发生碰撞，最终导致沉船的事故也不在少数。据不完全统计，我国仅在1997年3月份，浙江沿海就曾发生雾航重大事故7次，期间有4艘航船沉没，死亡和失踪36人。在近13年中，达到上报等级因海雾引发的事故就有71起，平均每年就有4.25起船难。其中，发生事故最多的是1981年，竟发生雾航事故12起。曾有一位英国船长，对2000次碰撞事故做出了统计调查，约有70%的碰撞事故发生在雾天。日本学者也在910次海损事故中做了调查，其中60%的事故发生在雾天。

那缥缈如烟、如棉似雪的海雾，常常给人以置身仙境的幻觉。事实上它也是海洋中无形的罪恶杀手。因此，船舶在雾中航行时，更应该谨慎、小心。

豪华客轮"皇后"号的陨落

1945年6月1日，加拿大的魁北克码头失去了往日的喧哗与热闹，留下的只是忽轻忽重的呜咽声，聚集在码头的人，脸上的表情都非常沉重。他们是两天前在圣劳伦斯湾遇难的英国"皇后"号的

海／难

Shipwreck

乘客家属。救援船"列季·埃维林"号和"埃塞克斯"号缓缓驶入魁北克码头，港内的船只都降下半旗，码头的教堂敲响了低沉的钟声，搬运工小心翼翼地把棺材抬上码头，那黑压压188口棺材如同一块压在心脏上的石头，让人喘不过气。遇难者家属再也无法抑制内心的悲痛，放声痛哭。

　　1945年5月，凌晨的海上，微微有些凉意，清冷的月光倾泻在碧海蓝波的圣劳伦斯湾。清风徐来，海面依然是那么恬静，粼粼水波闪烁着银光，圣劳伦斯湾的白天愈发迷人了。也许是被这醉人的月色吸引，英国客轮"皇后"号的船长肯达尔久久难眠，于是他登上客轮的船桥，迎面吹来的清风不由得让他打了个寒噤，船长紧了紧衣服，倚站在船桥，凝视着月光下深邃而静谧的大海，心中不由感叹："我能荣升这艘豪华客轮的船长，真是太荣幸了。不过，我也为这次航行感到担忧，但愿我们可以平安无事地完成这次任务。"

　　肯达尔船长的担忧也是事出有因。"皇后"号是英国当时最豪华的客轮，船身全长167米，宽20米，排水量2万吨，蒸汽机功率为1.85万马力，有5层甲板，可容纳2000人，航速20节。另外，船上还有舒适的卧舱、宽敞的客厅以及设备完善的娱乐场所。肯达尔自从事海上事业以来还是第一次见到这么豪华的客轮，此次出航也是他事业上最辉煌的一次，难怪他有些担心。此外，在这次航行中肯达尔肩负的责任比以往任何一次都要重。船上除了装有重要的国家邮件，还装着价值几百万加元的银锭。而且这次出游的人也并非等闲，那些住在头等舱、二等舱的都是社交界有头有脸的大人物，他们的安全可不能大意。这些大人物有当时最著名的作家、不列颠国会上议员亨利·塞特·卡尔、英国出色的演员苏伦斯·依尔文克和他的妻子以及加拿大谢尔布鲁克城的美女埃坦勒·帕顿，另外还有加拿大曼尔托尔农学院院长卡尼恩教授和加拿大"救世军"的头目达威德·利斯等。这些人都需要

海雾在海上布下迷魂阵

肯达尔亲自作陪并和他们进行马拉松式的聊天。

海面上渐渐云雾四起，能见度也慢慢变差，客轮不得不减速至 15 节。海雾越来越浓，轮船航行至诺克·波英特角时，浅滩上的灯标也难以辨别了。总领航员爱德华发觉情况不妙，忙派人去找船长。还没入睡的船长接到报告后，立即前往领航舱，在那里他听到前桅杆发出阵阵响声，眺望员大声喊道："舰首右侧东经 1.5° 处发现船桅杆灯！"通过望远镜，船长看到两船相距不到 6 海里，他立即下达指令："向左偏 26°！"经验丰富的肯达尔船长认为这样，来船就可以从"皇后"号右侧顺利驶过。

现代蒸汽巨轮

迎面驶来的是挪威"斯多恩塔德"号货船，它满载着11000余吨的煤，向法吉尔角方向驶来。海雾愈来愈浓，刚才还可以依稀辨别的海面已经成了白茫茫的一片，两船越来越近。当肯德尔船长再次用望远镜观望时，发现两船已经距离2海里了，为避免发生碰撞，肯德尔船长立即下达命令："拉响汽笛，全速撤退！"三声短促的汽笛在海面回响，几秒后，"斯多恩塔德"号也鸣笛回应。

这时肯德尔船长已经命令停止后退，并且拉响一串长汽笛，以此告诉对方自己要向右转舵。两分钟过后，肯德尔猛然发现一艘闪着红绿灯光的巨轮从浓雾中向他扑来。船长立即命令舵手提高船速并转向左舷，然而已经为时过晚，两船相距只有100米，货船仍在前行。只听"轰隆"一声巨响，"斯多恩塔德"号的船头恶狠狠地直接插入"皇后"号的右舷。人们在听到一声刺耳的金属摩擦声的同时，看见碰撞处迸发出一道道耀眼的火花，接着传来几声惨叫，站在船舷的几名水手被活活挤死了，鲜血立即染红了甲板。

这沉重的一击使"皇后"号的煤舱和二等舱受到了严重破坏。事故发生后，肯达尔立即冲上甲板，他抓起话筒朝"斯多恩塔德"号大喊："对面的船，请你们不要退后，继续向前行驶！"因为"皇后"号遭受重创，货船一旦退后，汹涌的海水就会如同猛兽般灌入船舱，"皇后"号必将沉没。但是，"斯多恩塔德"号传来的回应却令人绝望："我船已经后退，我已毫无办法！"不久后，"斯多恩塔德"号的船头就从"皇后"号的右舷拔了出来，随着尖锐的金属摩擦声，两船终于分离了。"皇后"号被撞击的巨大窟窿清晰可见，汹涌的海水如同解除了禁锢，迅速涌入船舱，在船内咆哮着、回旋着，船体开始倾斜。

此时，"皇后"号的处境凶险万分，肯达尔船长冷静地发出命令："大家不要惊慌！保持镇静！所有人到甲板上！"接着，他发出了一系列具体的逃生指令。他命令船员们赶快把旅客们唤醒，如果卧舱的门没有打开，就立即砸开。为了减少人员伤亡，他决定先把船搁浅在诺克·波英特角的浅滩上，好让更多的人获救。然而，船体损坏太严重，猛兽般的海水很快就淹没了机房，船失去了动力，搁浅的希望也成了泡影。随即，肯德尔下达弃船逃生的指令，并命令船员马上发出遇险求救信号，接着他又赶快冲到甲板上和船员一起放下6艘救生艇。

在发生猛烈撞击的瞬间，所有乘客都被惊醒了，大家惊慌失措，四处乱跑，船上一团混乱。卡尼恩加姆教授醒来后，发现舱室内的东西都移了位，舱壁也坍塌了，就知道发生了什么，他赶忙向舷梯跑去，可他还没来得及抓住舷梯，甲板就移动了。

倾城美女帕顿正准备入睡，忽然感到船体晃动，接着传来船员仓促的敲门声："夫人，请你赶紧穿上救生衣，到甲板上去吧！"意外的是，帕顿并不畏惧，甚至从容不迫地戴上她的宝石戒指，拿着皮大衣和手提包走上了甲板。这时候，右舷的扶手已经淹没水中。正当帕顿不知如何下脚时，一位年轻的军官礼貌地伸出了手，帕顿上了救生艇，她无比轻松地就脱离险境。然而，其他人就没有那么幸运了。大家在慌乱之中根本找不到通往甲板的走廊，人们在过廊里拥挤推搡，许多人都被推倒在地，甚至有些人竟被活活踩死。还有些人以为沉船需要很长时间，并不着急求生，结果还没跨出卧舱的门，死神就冲了进来。

"皇后"号上共有36艘救生艇，可乘坐1800人，但是由于船体的极度倾斜，只有6艘小艇被放了下去，其余的都随轮船沉没海中。肇事货船也放下了4艘小艇前去救援。"皇后"号在水中愈发倾斜，当轮船上的烟囱没入水中时，锅炉突然炸了。在那儿的数十名船员，瞬间就被高温蒸汽烫死了，许多碎块被抛入空中，一块巨大的铁板落了下来，正好砸中了一艘载着50人逃生的小艇，不少人就在这爆炸中丧生了。爆炸的气浪把肯达尔船长也抛到了海里，他抓住一块漂浮的木板，凝视着下沉的轮船，不禁黯然泪下。

事故发生后，法吉尔电台收到了求救电报，立即派出轮船前去支援，并转发了"皇后"号遇难的消息。然而，当救援船到达失事地点时，"皇后"号已经沉在水里15分钟了，大多数人都被冻死在这冰冷的水里。不久，这艘搭载1477人的豪华客轮最终完全沉没，同时与它一起陨落大海的还有1012个生命。

大雾溟蒙两船相撞

1997年5月13日，位于辽东半岛的旅顺新港，舟来船往，一派繁华、热闹景象。这天下午，"鲁渤渡2"号船，鸣着长笛，缓缓驶出港口，它的任务是来往于旅顺新港和蓬莱港口。这是一艘客货滚装船，隶属于山东省烟台海运公司。它全长62.60米，载重960余吨。此时，它正载着29名船员和40名乘客以及15辆汽车，乘风破浪向对岸山东半岛驶去。

"鲁渤渡2"号刚驶出港口不久，海面四周就涌起阵阵薄雾，这些如棉似雪的雾气萦绕着轮船，使能见度也愈发低。海风拂过，带来阵阵凉意，游客们也只好离开甲板回到船舱中去。这时候，船长王景学发觉海上危机四伏，他走进驾驶台，看见2名水手和大副一起，正在掌舵航行，他们谨慎地下达与执行每一个舵令。

海面上的雾气越来越浓，转眼间能见度只有20米了，人们站在驾驶台上，只见海面白茫茫一片，什么也看不清了。所有的船员绷紧神经，侧耳倾听风声涛声，密切注视着海面上的情况。这时候，站在驾驶台的大副忽然看到一个庞然大物，飞速地朝自己扑来。他立即大声喊道："右满舵！"值班的水手听到后，立即按照吩咐调转船舵。

然而这个舵令并没有产生舵效。只听"砰"的一声巨响，桌子上的杂物顿时腾空而起，猛地摔向前方，杂乱无章地落在地上，一时间，桌椅板凳通通都摔倒在地。船长立即采取了紧急措施——拉响警笛，突然全船停电，四周一片漆黑。船长马上意识到，最担心的事情发生了，轮船已经陷入险境。

人们马上冲出驾驶台，只见海面浓雾云涌，一个庞然大物已经撞进船里。这是一艘由大连港口开往天津的新加坡籍轮船，船名"愉成"号，重载 1.63 万吨，船长 174 米，船上载着 159 个集装箱。

此时，"愉成"号的船头已经撞进"鲁渤渡 2"号左舷的机舱，猛兽般的恶浪一下子就灌进了船舱，"鲁渤渡 2"号危在旦夕……

两船相撞的消息很快就传到了四面八方。交通部领导立即坐镇指挥，救助遇难的人们，并将这件事迅速告知了渤海两岸的烟台海上安全监督局和大连海上安全交通局。两岸监督局闻讯后，立即派遣救援船和搜救队前赴出事地点救援。烟台当局派出的"黄海巡 11"号"烟救 13"号和大连当局派出的舰艇，在受命的第一时间驶往出事地点，全力抢救人民群众的生命和钱财……

旅顺新港

"鲁渤渡 2"号船的公司得到出事消息后，总经理立即赶到总调度室，一边询问情况，一边向四面八方请求支援。

事故发生后，"鲁渤渡 2"号的客运主任迅速打开救生衣柜，一边安抚乘客不要慌张，一边将救生衣一件件发给乘客。这时，浓雾中传来遇难船员对"愉成"号的大声喊话："快放救生艇！快放救生艇！"可是，由于语言不通，"愉成"号根本不知道发生了什么，过了好一阵子，才放下一条缆绳。船员们一下子就明白了外船的意思，大家七手八脚地把缆绳套在"鲁渤渡 2"号的风筒上，接着外轮又放下一条软梯，在船员的指挥下，乘客们开始爬上软梯逃生。然而，挂在外轮上的软梯有十余米长，当第二名乘客爬上外轮后，软梯开始左右摇晃，迫使第 3 名乘客费了九牛二虎之力才爬上外轮。如果仅靠这条软梯，船上的 70 余人根本没有逃生的可能⋯⋯

甲板上的船员拼命向外轮呼喊放救生艇、救生筏，另一些船员开始组织乘客将右舷上的救生筏推向大海。在大家的努力下，10 只救生筏终于全部落水，除了有 2 只因操作不当，没有充上气，其余 8 只都完好地漂浮在水面上。这时，"鲁渤渡 2"号急剧下沉，套在风筒上的缆绳也被挣断，两船渐渐脱离开来，"鲁渤渡 2"号机舱进水更加凶猛，船也倾斜得更加厉害。

在二副的带领下，船员们纷纷跳上救生筏，飞快地划去落水者的身边，将他们从冰凉的海水中解脱出来，转眼间就有十几人获救。这时，"鲁渤渡 2"号已经完全沉没了。二副坐的救生筏与外轮最近，他赶忙把筏子停在外轮边上，组织乘客们爬上软梯。他爬上外轮后，赶忙来到驾驶台，用英文要求对方允许他看航海日志，外方应允了他的请求。

他走出驾驶台，看到众人期盼的救生艇就在甲板上，就上前要求对方赶快放下救生艇，并让他和救生艇一起下海。然而，外轮的船员

海雾在海上布下迷魂阵

并不同意他的要求。二副心急如焚，说了好半天才让对方明白这样做有助于救援。终于，外轮答应了他的所有请求。

于是，二副与轮机长等船员，驾驶着小艇回到了水面，救援落水者。眼看就能解救众人，谁知救生艇突然马达熄火。失去动力的救生艇，别说救人了，自救也成了难题。救生艇和救生筏只能一起随波跌踵，向远方漂去。

两船相撞时，长岛县的"鲁长渔 2057"和"鲁长渔 2058"号正好在这一水域捕鱼。当时，捕鱼船船长在观察雷达时，发现有两个光点移位重合，随即变成一个光点。船长当即就明白，有船只相撞，一船沉没。于是，他立马下令，向出事地点驶去参与救援。

"鲁长渔 2057"和"鲁长渔 2058"号相继前往失事地点，途中恰好遇到了漂流过来的两只救生筏和一艘救生艇。渔船靠上救生筏，将遇难的人们和船员拉上了渔船，随后载着众人前往出事地点。渔船靠上外轮后，渔民们帮助遇难者顺着软梯爬上了外轮。可是有 3 名乘客因为惊吓、疲惫过度，已经没有力气攀爬了。为了救助这 3 名乘客，船员们想了一个绝妙的点子，他们把这 3 人放在救生艇上，连同救生艇一块儿吊上外轮。就这样所有人员都有惊无险地获救了。

怕鬼偏遇鬼，雷达不管用

1956 年 7 月 25 日，两艘刚建成不久的豪华客轮，在航行至大西洋海域时，意外发生了碰撞，最终导致一船沉没，43 人死亡。而造成这次惨痛事故的凶手，正是如棉似雪、缥缈如烟的海雾。

两年前，意大利打造了一艘排水量 2.9 万吨的豪华客轮"多利亚"号，不仅为它建立了各项设施，还为它装上了先进的雷达设备；"斯德哥尔摩"号则是一艘有 8 年航龄的瑞典籍大型邮船，上面也有雷达装备，而且它有非常坚硬的船头，以便在北极圈的海区破冰航行。

两艘船上的船员也是无可挑剔，个个都是有丰富航海经验的老手，而船长更是老成持重。"多利亚"号的船长卡拉美，时年58岁，他是一位拥有40年航海经历、恪尽职守的优秀船长。这次航行是他从业以来第51次航行，从未发生过任何意外。"斯德哥尔摩"号的船长拿藤逊，时年63岁，他为这艘船的公司已经服务40年了，从没发生过状况。

7月的一天，"多利亚"号鸣着汽笛，离开意大利热那亚港口，向纽约驶去。7月26日，当它行驶至大西洋时，正好遇到了从纽约出航要前往丹麦的"斯德哥尔摩"号邮轮，两船相向而行，相距600多千米。"多利亚"号船长通过望远镜，看见前方64千米处有一艘灯塔，那是纽约设在大西洋近海岸的浮动界标，西行的船只由它导向纽约，东行的船只则在它的指引下，穿越大西洋。

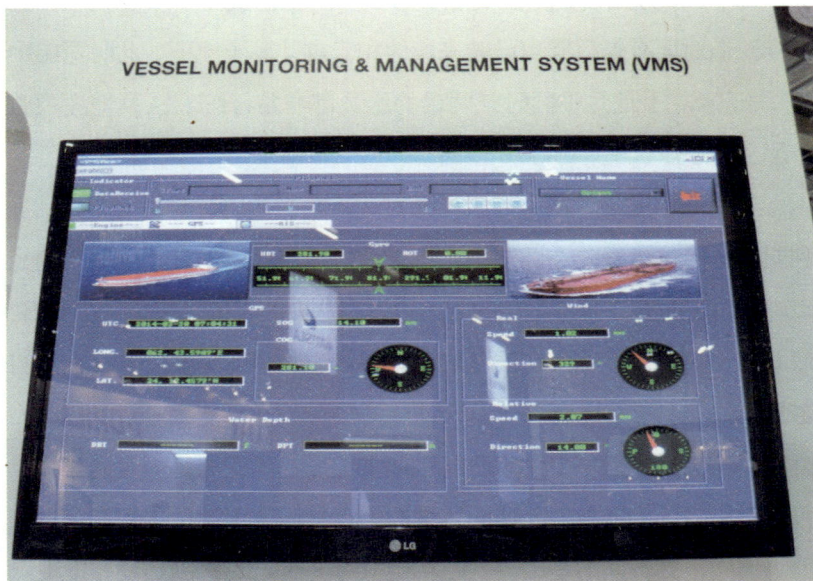

船舶雷达荧屏

这片海域每逢夏季，天气都变化无常，但对两位经验丰富的船长而言，早已司空见惯。当天下午 3 点钟，海面突然涌起浓雾，"多利亚"号进入了一片伸手不见五指的水域，卡拉美船长镇定自若地站在船桥上指挥着。

在船长的命令下，"多利亚"号船将航速减慢到 23 节，同时每隔一段时间，就鸣笛一次。船长还特意命令要时刻注意屏幕上的动静。不过，"斯德哥尔摩"号此时行至的海域还没有起雾，天气虽然昏沉，但能见度很好。在船桥当值的三副是个非常有责任心的年轻海员，他一直谨慎、密切地关注着海面上的动静。船长拿藤逊就站在他身边，也没能分散他的注意力。晚上 21 点，三副乔安生估计船离灯塔还有 80 千米的航程，于是他眼睛一眨不眨地紧盯着雷达屏幕。22 点 10 分，雷达屏幕上出现了一个小光点，他知道，这意味着前方有船只驶来。

22 点 20 分左右，卡拉美船长看到荧屏上出现了一个小光点，也同样知道对面有船只向自己驶来。他和二副计算了一下，此时两船距离 27 千米。于是几乎同时，两船的船员都非常仔细、认真地注视着荧屏上的小点。

此时海雾愈来愈浓，为了增强安全系数，卡拉美船长下令把"多利亚"号的航线再向左调整 4°。不过令卡拉美疑惑的是，荧屏上的光点越来越近时，却听不见船的雾角声，在这样的雾夜之中，漆黑如磐，然而却不鸣汽笛，这实在难以想象。要知道，"多利亚"号一直响着雾号。

事实上，"斯德哥尔摩"号也非常诧异：我们的雾号尖锐嘹亮，可以传到很远的地方，而迎面过来的船竟然闷声不响，这实在令人震惊。然而，更奇怪的是，当两船相距只有 8 千米时，仍然没有发现对方船上的灯光。其实两船此时都开着大灯，按理说 8 千米的距离，完全可以发现，但两船却毫无反应。

烟雾笼罩着海面，昏暗的夜色下，一切都变得难以辨认……当时，"斯德哥尔摩"号开着红色的灯光，他们非常迫切地希望来船也开着红灯。因为这样，两船在交会的时候才能遵照国际航行的避碰规定：以左舷相向通过，以免碰撞。

不久，桥船的电话响了，"斯德哥尔摩"号的瞭望员向乔安生发来报告："左前方20°发现灯光。"这时，乔安生用肉眼也看到了一个暗红色光点，他立即下令转右舵，好让来船清楚看到自己船的灯光。可就在这时，来船的红点突然消失不见，取而代之的是一片绿色。乔安生顿时感觉大事不妙。因为这表示，来船的船头正朝着本船的舰首冲了过来。乔安生果断改变了船的位置，将船全速退后。此时，船长正在船舱里休息，他很明显地感到船身的变动，赶快冲到了船桥上。

"多利亚"号的桥船上竟发生了和"斯德哥尔摩"号一样的情况：他们没听到来船的雾号，可船却突然出现在了眼前。突然，一名船员大声叫道："完了，它撞过来了！"事实上，"斯德哥尔摩"号是在紧急退后，而在"多利亚"号看来，来船正以迅猛之势冲到自己的航道上来。卡拉美船长当机立断，下达退后的命令。可是为时已晚，只听"轰隆"一声，"斯德哥尔摩"号那坚硬的船头，如同利箭一样狠狠地插入了"多利亚"号的腰间。

接下来的一幕，使"多利亚"号难逃沉没的厄运。就在两船相互纠缠的时候，"斯德哥尔摩"号艰难地从对方船身拔了出来。汹涌的海水顺着"多利亚"号身上的窟窿，灌入船舱，使它严重右倾，沉船已经是在所难免了。

"多利亚"号伤势严重，报务员马上发起了遇险求救信号，船员们迅速疏散乘客，维护秩序。闯下大祸的"斯德哥尔摩"号也立即参与到救援之中，将对方的游客转移过来。此时两船的探照灯打开，人声鼎沸，一片哗然，附近有五六艘过路的船只闻声赶来，也参与到救援之中。

翌日上午10点钟，"多利亚"号庞大的身躯终于被汹涌的波涛吞没。经过几个小时的救援，"多利亚"号的大部分人员都获救了，只有43人不幸身亡。闯下大祸的"斯德哥尔摩"号虽然也受到了损坏，但幸运的是船上并无人员伤亡。

不过，两船为何会在有雷达的情况下，还没发现对面船只呢？经专家分析，原来浓雾可以降低雷达的回波速度，因此两船在荧光屏上没有看到对方。另外，雷达的电波会受到陆地及岛屿的干扰，再加上浓雾的白化，使声波在某个方向传播很远，而某个方向对方则会听不到，所以才酿成了这次海难。

Part 3

暗礁浅滩成海上拦路虎

　　航海之路危机四伏，嶙峋险峻的礁石、凸出海面的浅滩，常使航海人迷失方向。潜在水下的险礁，在人们不知不觉间，以锋利如刃的坚岩无情地割破船舶，不知有多少船因撞上暗礁而沉没；船舶搁浅更是时有发生，远远望去，凸出海面的浅滩仿若人们期待已久的陆地，然而当船舶驶近时，才意识到潜在的危机，无数船只葬身此处。

美国十一舰队接连"碰壁"

在美国圣巴巴拉海峡北部数十海里的地方，有一个荒凉的海角，人们将这个地方取名为翁达角。由于其附近海域海况恶劣，常有雾气弥漫，多有暗礁，因此这片海区素有"魔鬼的下巴"的恶名。不少船只都因在此地触礁而受损严重，其中最为严重的一次事故发生于 1923 年 9 月 8 日的夜晚，美国 7 艘崭新的驱逐舰连珠似的在此地触礁，最终导致船舰及水兵葬身此处。这是美国海军历史上罕见且最为严重的海难事故。

美国海军第 11 驱逐舰队又名"德斯隆十一"舰队，隶属于太平洋舰队。这一支舰队的船只是第一次世界大战后到 1921 年期间所生产的四烟囱驱逐舰，它的基地被设立在美国西海岸的圣迭戈。

在 1923 年 6 月底，"德斯隆十一"舰队在指挥官爱德华海军上校带领下离开母港圣迭戈，前往普吉特海峡参加海上演练。"德斯隆十一"舰队共有 14 艘船舰，除旗舰"特尔斐"号（DD261）外，其余船舰分别组成第 31 分队、第 32 分队和第 33 分队。

第 31 分队分别由"法拉特盖"号（DD300）、"富勒"号（DD297）、"柏斯韦尔"号（DD298）、"索马斯"号（DD301）、

驱逐舰队

"乔塞"号（DD206）组成。

第32分队由"肯尼迪"号（DD306）、"柏尔·汉密尔顿"号（DD307）、"斯托德德"号（DD302）、"汤普森"号（DD206）组成。

第33分队由"S.P.里"号（DD310）、"杨"号（DD312）、"伍德伯利"号（DD309）、"尼霍兰斯"号（DD311）组成。

"德斯隆十一"舰队在普吉特海峡完成演习，并访问了西雅图军港后，开始向旧金山航行。在抵达旧金山后，舰队在此处进行短暂的调整，随后开始准备返航。返航的航程大约456海里，正好可以对舰艇进行轮机测试。于是，爱德华指挥官在9月5日发布命令："在向圣迭戈返航途中，为对主机进行各项测试，所有的船舰必须在24小时内保持20节速度航行。"

在9月8日上午7点，驱逐舰队浩浩荡荡地驶出旧金山港口，驶向波涛汹涌的大海。驱逐舰队以旗舰为首，随后按33分队、32分队、31分队的顺序破浪前进。爱德华指挥官打算在返航途中进行炮术训练和其他军事项目的演习，因此他决定在当天晚上通过圣巴巴拉海峡。舰队刚行驶时天空晴朗，但从8点开始，海面上就开始起雾，舰队依然以航速20节的速度，在雾海上向南高速前行。

不久，海面上的雾越来越浓，航线渐渐变得模糊不清。当时美国海军在沿海地区航行时，均使用无线电方位测向定位。由于当时海况恶劣，导致无线电暂时不能使用。爱德华指挥官和旗舰上的另外两名有经验的军官认为在这种情况下，只能使用航位推算法来测出行驶位置，也就是不借助任何探测设备，仅通过航行航向和距离确定舰队的具体位置。虽然这种方法不精准，但它的使用历史悠久，并被证明是可靠的方法。

18点，航队已经接近阿鲁克半岛，只要穿过半岛就可以顺利抵达圣巴巴拉海峡。爱德华指挥官推算出，驱逐舰队可在当天21点抵达圣巴巴拉海峡。18点13分，旗舰的探测器指出此时位于半岛320°位置。然而爱德华指挥官认为探测器由于海况出现问题，他更相信自己的经验判断。于是他认为此时全舰队应向左方45°航行。

事实上，旗舰探测器的结果是正确的。如果按照探测器的方向行驶，驱逐舰队就能驶达目的地。然而爱德华指挥官并没有作出正确的判断，去修正航线的方向，反而一味相信自己的航海经验，判断航线和旗舰的位置。

到了20点，爱德华指挥官确信舰队已经穿越了阿鲁克半岛，并将舰位通报于其他驱逐舰。

35分钟后，旗舰与测向台的联系恢复。此时测向台通报其方位168°，由此确信驱逐舰队已经穿越了阿鲁克半岛。可就在20点39分时，测向台通报的方位是330°，接下来的9分钟里，测向台通报的方位是323°。这实在令人难以置信。爱德华指挥官认为，仅仅十几分钟内，舰队的方位不会有如此大的变化。因此，他认为这是测向台通报有误的结果。

到了9点钟，确信早已驶过阿鲁克半岛的旗舰，为了驶入桑特·帕尔帕海峡，将航线转到95°，并命令后面的舰队按顺序跟上前进。

当旗舰调转方向后，海面的雾急剧变浓，前面航行的船舰在后面尾随的舰队眼前完全消失。然而，整个舰队却依然以20节的速度航行。

此时驱逐舰队已经驶入著名的"魔鬼的下巴"海域附近，然而爱德华指挥官并没有意识到自己判断错误。他认为舰队已经到达圣巴巴拉海峡的入口，因此他依旧以飞快的速度行驶在这白茫茫的大雾之中。

在21点05分，旗舰"特尔斐"号底部突然传来一阵喀喀声，船员们大惊失色，还没弄清原因，旗舰就冲到了海岸的岩礁上。一场严重的海上灾难如期而至。

　　"特尔斐"号触礁的地点正位于被称为"魔鬼的下巴"的翁达角。旗舰在发生事故时立即发出了紧急信号，通知身后的其他舰船，然而已为时过晚。仅数十秒后，旗舰身后几百码的"S.P.里"号隐约看到"特尔斐"号突然停船，便慌忙地调整方向以免撞上旗舰船。随着一声巨响，"S.P.里"号直接冲到了北面数百米外的海岸上。紧随其后的"杨"号来不及反应，直接撞上了"特尔斐"号以南的岩礁。由于剧烈的撞击，使锋利的岩礁将"杨"号的底部完全剖开，海水大量涌入，致使舰体很快便向右倾斜。其后的"伍德伯利"号和"尼霍兰斯"号见势分别向左、右两边转向，但均未能逃脱与礁石的撞击。

　　第31分队领头的"法拉特盖"号见到前方一片狼藉后，便开始掉头后退。岂料，后面的"富勒"号因躲避不及与"法拉特盖"号发生了碰撞。撞击虽对"法拉特盖"号没有造成太大影响，却因强大的推力将"富勒"号冲到了礁石群上。跟在后面的"柏斯韦尔"号和"索马斯"号因转向及时，幸免于难。

　　黑夜和浓雾笼罩着这7艘遇难的驱逐舰，船上的舰员们都在与黑暗和冰冷的海水进行生死搏斗。"特尔斐"号最终因损伤严重断成两截，沉没于海。舰上有3名船员不幸遇难，15人受伤，大家挣扎着爬上了旁边的海岸。被破开船底的"杨"号更为惨烈，由于右倾速度极快，根本没有逃生的时间，许多舰员被困在引擎室和锅炉舱里。

　　这场7艘驱逐舰接连发生撞毁的大灾难，共牺牲了27名船员，其中大部分都是"杨"号的舰员。

　　此次海难的发生，主要是由于爱德华指挥官接连两次的错误判断，导致舰队驶入错误航线。事实上直到舰队遇难，他们也没有驶过阿鲁克半岛。

"托里坎荣"号触礁之谜

1967年3月，乍暖还寒。"托里坎荣"号装载着11.7万吨的原油，离开波斯湾，绕过好望角，向英国的米尔福德港驶去。巨轮乘风破浪，逶迤北行。3月18日凌晨，"托里坎荣"号终于抵达英国近海。

"托里坎荣"号航行到英吉利海峡南部的赛文至斯托文斯海域，此刻巨轮面临两条航道：一条在英国西南海岸与锡利群岛之间，另一条在锡利群岛与兰兹恩得角之间。巨轮的原定航线是走锡利群岛西航道。但是，当船到达锡利群岛前遭遇了潮流的影响，当值的大副菲尼奥未能及时修正航线，导致航迹偏右。直到第二天清晨，菲尼奥才发现原本在达锡利群岛右侧的"托里坎荣"号，却到了岛屿的左边。

船长罗吉阿堤知道后非常愤怒，急忙赶到了驾驶台，可他偏又忽略了《航路指南》的告诫，轻率地将航线选择在锡利群岛东航道。

在这天上午8点钟，大副菲尼奥换班休息，由二副科克西沃接替，而船长罗吉阿堤则继续留在驾驶台。罗吉阿堤显然因为菲尼奥的失误心烦意乱，同时也对工作没主见且性格懦弱的科克西沃感到担忧。他深知，此处礁多流急而且过往船只多，是海难多发的海区。

由于罗吉阿堤船长对菲尼奥和科克西沃多有不满，且缺乏信任，于是三人很少交流沟通，甚至对很多需要讨论的问题也不谈论，而罗吉阿堤则一人揽过三人的工作，这也让他感到身心俱疲。于是就在二副值班的时候，罗吉阿堤船长直接下达口令，避让海面船只、修正航海路线，甚至亲自掌舵控制方向。这让船工斯科托闲着无所事事，只能在一旁休息。过了一会，罗吉阿堤感到分身乏术，便把手动舵改为自动舵，开始悠闲地在驾驶室踱步沉思。

过了20分钟，斯托文斯浮动式灯塔值班人员发现"托里坎荣"号正向七岩礁驶去，立即向来船发出警报信号。然而10分钟过去了，

暗礁浅滩成海上拦路虎

油轮竟毫无反应。值班人员又急忙向天空发射了1颗红色信号弹，又升起一面"你船正处于危险当中"的信号旗。不久，值班人员又连发3颗红色信号弹警示"托里坎荣"号油轮。

巨大的油轮

此时，"托里坎荣"号正以15.8节的航速向东北方向驶去。由于当时阳光太过耀眼，因此大副和二副都半眯着眼睛，谁也没有集中精力眺望远方，也没有顾及海浪下的礁石，更没有注意到灯塔的动态，而对于灯塔值班人员发出的一系列警告，他们浑然不知。

在8点40分，"托里坎荣"号驶入狭水道航行，这时罗吉阿堤船长才将自动舵改为手动舵，并驾驶油轮向正北方向航行。二副科克西沃对油轮进行定位后报告船长，船位依然偏右，现在正对七岩礁行驶并距离礁石不到1海里了。此刻罗吉阿堤才警觉起来，连忙叫斯科托掌舵，并命令其向350°行驶。随后，便赶紧去海图室检测二副测量的船位。

就在8点46分，斯科托发来报告："舵失效了！"当时罗吉阿堤船长正专心致志地看海图上的船位，根本没有听到斯科托的报告。

1分钟后，罗吉阿堤下令向左30°航行时，才发现舵已经失去操控。他立即前去检查电舵的保险丝，又打电话叫轮船修理人员前来检查船舵的动力泵，可就在慌乱之中，船长拨错了电话号码……就在这时，船长忽然发现船舵的操作杆转到了"自动"位置上，他马上冲过去，将操作杆转到"手动"的位置。随后他亲自向左转动，发现舵已恢复作用，船已开始向左蠕动。然而一场不可避免的灾难已经发生，救船已为时过晚。

3分钟后，伴随着一声巨响，"托里坎荣"号全速冲上了七岩礁中的抱鹿礁。巨大的油轮霎时间被一分为二，石油如洪水横溢，喷泉般向外喷涌，"托里坎荣"号油轮沉沦灾难震惊了全球……当时油轮流出原油约8万吨，并有4万吨原油留在油轮体内。英国政府采取除油和围油的措施未能奏效，于是只好用飞机轰炸的办法引爆了油轮体内残留的原油。流出的原油大面积污染了英国和法国沿岸，对海域造成了严重的污染。

当天阳光明媚，海面风平浪静，"托里坎荣"号的设备一切完好，为何会发生触礁的灾难呢？

此次事故一出，利比里亚、意大利、英国等多个国家联合行动，迅速查清了事故原因。

发生此次灾难的主要原因归结于罗吉阿堤船长思想上的大意和工作上的失误，以及对大副、二副等船员的协调配合不好，因而酿成大祸。罗吉阿堤船长的失败操作主要表现在以下五个方面：

一是船长忽视了潮流修正问题。从大副、二副值班，到船长亲临驾驶室，都没有人对流压进行计算和修正，以至于航迹偏右一直未被发现。

二是船长忽略了《航路指南》，并轻率做出驶入多有礁石的东航道。当进入东航道后，他也没有组织船员对船只进行定位和海图作业。

暗礁浅滩成海上拦路虎

三是船长越俎代庖，做了许多不符合船长身份的工作，而忽略了至关重要的航行指导和重要时刻的操作指挥。

四是在接近危险海域时，船长没有督促船员检查操控装置，导致在关键时刻出现"舵失效"的危险情况。可就在那关键性的2分钟里，舵手束手无策，而船长竟前去检查保险丝、打电话。如果当时船长采取停船措施，油轮可能也会幸免于难。

五是在危险海域航行时，油轮没有低速航行。

这五个方面的失误，是导致"托里坎荣"号发生海难事件的根本原因。

"托里坎荣"号发生严重污染事故后，国际海事组织于1967年6月正式实施多佛尔海峡分道通航方案。同时海协（国际海事组织的简称）规定，除当时已有的定线制外，对航行于沿岸或附近有碍航物的海域的船舶，国际协议将设立新的定线制。此次方案的实施是为避免类似事件再度发生。

海洋污染重大悲剧

1978年3月下旬，发生了一起重大悲剧——"卡迪斯"号油轮触礁断裂，一时间石油汹涌溢出，尽管英国和法国政府采取了一系列紧急措施，但清理海区播撒的石油，依然效果甚微。最后在3月28日，法国政府派出直升机向"卡迪斯"号投掷炸弹，但燃烧面积甚少。至此，"卡迪斯"号承载的石油全部倾入大海，其倾油量超过了历次油船事故。至3月底，石油已扩散到沿岸海域250千米。这一惨剧的发生，也是当代最为严重的石油污染事件。

"卡迪斯"号油轮是一艘美国石油公司的超级油轮。2月中旬，这艘超级油轮装载着22万吨石油离开了波斯湾的伊朗哈尔克岛，在3

月 15 日驶达素有"风暴囊"之称的比斯开湾。此时比斯开湾正刮着 10 级暴风，海面狂风怒吼，波涛汹涌。凶猛的海浪拍打着"卡迪斯"号油轮的甲板。油轮乘风破浪，经过印度洋，绕过非洲，终于在预定的 16 日傍晚抵达荷兰鹿特丹港。此时油轮即将驶出比斯开湾，驶达英吉利海峡入口处。

尽管"卡迪斯"号在惊涛骇浪中航行稳定，但 35 岁的巴尔达里船长仍有些不安，因为他深知，此处是一个多事的海区，不仅航道相对狭窄，来往船只繁多，而且风大浪大，稍有不慎，油轮就会触礁搁浅。巴尔达里船长一边目视前方，一边思索着，正当他透过玻璃窗，环顾茫茫夜海，望着周围繁星般的航行灯，倏地打起了冷战。

长夜逝去，天将拂晓，巴尔达里船长下令向右避让了一艘小油轮。没过多久，前方就有数十艘船舶快速驶来。巴尔达里立即下令避让船只，同时让大副用台卡定位仪测量自己的船位，发现已经偏离了预定的航道，并进入南驶船的分道。

巴尔达里谨慎地操控着油轮前进，正准备向左转向，回到正确的航线。不料，随着"咔嚓"一声巨响，舵机竟然发生故障，尽管它的指示器为左方向 20°，但舷叶已经转向右方，船头也失去了控制，直向右转。由于舵机失灵，"卡迪斯"号如同水面上的落叶，只能随风飘荡……

9 点 45 分，巴尔达里船长果断下令停船，抢修舵机，并用无线电向设立在芝加哥的阿摩柯石油总公司报告停船修理的情况。船员争分夺秒地对舵机进行修理，慌乱之中竟忘记最稳当的措施——抛锚。于是，"卡迪斯"号如同浮萍般随波逐流，漂向东南方向，最后漂到了维松岛礁丛。这里暗礁四伏，历年来在这里触礁沉没的船只数不胜数。

过了 20 分钟，巴尔达里船长见舵机还没有修好，当即命令报务员发出求救信号。随后，船长又直接与法国布勒斯特港口的电台取得

暗礁浅滩成海上拦路虎

被石油污染的海面

联系，请求救援。

　　然而布勒斯特港口的答复令所有人大失所望，由于他们没有救援机构，也没有大型拖轮，而在港内唯一的远洋拖轮"太平洋"号，早在8点钟时开赴多佛尔海峡执行任务了，因此他们不能立即施以救援。

　　尽管"太平洋"号已经出发，港口人员在左右权衡之后，还是命令"太平洋"号前往维松岛救援。在12点20分，"太平洋"号赶到了"卡迪斯"号附近。两船经过沟通后，德国籍船长范奈特提出按照劳氏标准救助契约进行工作，也就是按照救助效果收费，如果没有效果，分文不取。但是巴尔达里船长却坚持以拖驳方式付费，并要求对方将"卡迪斯"号拖到英国的莱姆湾。两人各抒己见，互不相让，于是在洽谈收费标准问题上，就浪费了宝贵的4个小时。"卡迪斯"号继续在海浪中，飘摇不定，载沉载浮。

　　到了傍晚，天气更加恶劣，风浪有增无减，焦急的船员们希望尽快签订拖船契约，英吉利水道两岸的数百机构对"卡迪斯"号的安危感到担忧，大家纷纷提出不同的付款方式，希望两船尽快签订协议。17点20分时，巴尔达里船长就接收到近10个公司、协会的劝慰电话，最后巴尔达里决定放弃已见，与范奈特船长签订《劳氏救助合同》，然而为时已晚。

傍晚时分，天气越发恶劣，这使系缆的工作进行得并不顺利。"太平洋"号直到19点钟才将两条缆绳系在"卡迪斯"号上，刚刚开始拖航，"卡迪斯"号就遭遇了一个巨大浪头的冲击，碗口粗的尼龙缆一下子就绷断了。重新系缆绳已经来不及了，眼看着"卡迪斯"号接近礁滩，危在旦夕，巴尔达里赶紧下令抛锚。

19点30分，一只重达22吨的铁锚被抛入海中，不等铁锚落地，就被坚硬的花岗岩连根削掉。紧接着船员抛下第二只铁锚，同样被岩石斩断。此时，"卡迪斯"号如同脱缰的野马，随着汹涌、奔腾的海浪漂向了岸边。

到了夜里21点钟，"卡迪斯"号停止了摆动，搁浅了。

21点30分，一个巨大的浪头拍打在岸边，将庞大的"卡迪斯"号一下子冲击到一片礁石上。船底顿时被岩石割破，尖利的巨石直接插入到机舱和汕泵房。"嘭"一声可怕的巨响，强大气流从油泵房冲出，舱内的石油瞬间汹涌而出，撒播到海面。

数十秒过后，随着一阵剧烈的起伏，船底被击穿了几十个大洞，石油如涌泉般汹涌而出，漂至海面，"卡迪斯"号就这样撞损在这片礁石上。此情此景，船员们惊慌失措，大家纷纷跑到甲板的顶部。

3月17日凌晨4点钟，"卡迪斯"号不堪重负，一下子折成两截，那恐怖的断裂声持续了10分钟之久。天亮以后，法国政府派出两架直升机，冒着狂风，将"卡迪斯"号的船员们全部吊接上机，巴尔达里船长也羞愧万分地爬上了直升机的吊梯。

暗礁浅滩成海上拦路虎

"卡迪斯"号共装载 22.3 万吨石油，由于船体受损严重全部倾入海中，导致大面积海洋受到严重污染。此次事故不仅导致经济损失 3 亿美元，更是让湛蓝的大海变得浑浊，洁净的沙滩发黏，数百只软体动物死亡，就连空气也受到了严重的污染。曾经的旅游胜地一时间变得腥臭无比，萧条冷落。

"跃进"号沉没的悲剧

1963 年 5 月 1 日，我国第一艘自己制造的大型货轮"跃进"号展开首航，船上载着 1.3 万吨玉米和 3000 多吨的矿产及杂货从青岛港前往日本名古屋西港。

"跃进"号是我国第一艘国产的万吨远洋货轮，由大连造船厂按照苏联设计图纸制造，于 1958 年 11 月 27 日下水。"跃进"号使用当时最新的技术，配有全套机械化、自动化、电气化设备。船长 1690 米，排水量达到 22100 吨，能够承载 13400 吨货物，满载时能够以每小时 18.5 海里的航速连续航行 12000 海里。不仅能够在途中不靠岸补充燃料，还能在封冰区域破冰前行。自建船到建成下水，仅仅用了 58 天，它的船台周期记录也是世界创举。"跃进"号的完成标志着我国船舶工业水平的飞跃。

然而，在 5 月 2 日下午 14 时左右，"跃进"号在我国苏岩礁附近的公海海域突然沉没。此事震惊了中南海，周恩来总理立即打电话给海军救援队，命令派遣军舰前去救援遇难船员。

"跃进"号是怎样沉没的？我国还没有展开调查，日本"全亚细亚广播电台"却捷足先登。5 月 2 日，"全亚细亚广播电台"在新闻节目里发布这样一条消息："中国国产的第一艘万吨级远洋货轮"跃进"号在赴日途中，因腹部中了 3 枚鱼雷而沉没……"于是"跃进"

号被鱼雷击沉的说法，在全世界火速传开，引得许多国家和地区纷纷作出反应。美国政府声明说，当时他们没有海军船只在事故海域活动。还说，"跃进"号不像受到鱼雷攻击，而是触碰到中日战争时布下的水雷而沉没。日本人说，那里根本没有水雷，那片海域是他们的渔场，渔民经常在那里捕鱼，从未发现水雷。美国海军部长还专门召开记者发布会，叫太平洋舰队司令出来作证，证明他们当时并没有派潜水艇到那片海域活动。韩国也发出声明，他们没有潜水艇在那里活动。

　　"跃进"号沉没的消息传到国内，一时议论纷纷。有人认为是"跃进"号船体质量不过关，经不住大风大浪的冲击而沉没。有人认为是航线不好，因为那一海域多有暗礁。"跃进"号在沉没之后，船上的59 名船员分别乘 3 艘救生艇在海面上漂流，后被日本渔民救起，然后由我国派出的护卫舰接回祖国大陆。

"跃进"号

20 世纪 60 年代初期，国际政治风云动荡不安，查清"跃进"号失事的准确原因，不但是"跃进"号本身的问题而且牵涉国际关系，稍有不慎可能会激化国际关系，甚至可能引发战争。因此我国政府本着实事求是的态度，决定对此次轮船失事原因进行彻查。

1963 年 5 月 2 日深夜，"跃进"号的船员们从上海乘坐飞机飞往北京。周恩来总理接见了三副、三管轮以上的船员，详细地询问了当时沉船的情况。有几名船员回忆说，当时他们听到"通"的一声闷响，好像船左舷水下部位遭到了"敌人攻击"，发生了爆炸。还有船员说看到了黑影，推测是潜艇对"跃进"号发射了鱼雷。但船长却提出异议，他说当时的巨响并不是鱼雷爆炸，而是触礁。

周恩来总理并没有下定结论，在详细地询问过"跃进"号的航行情况后，周总理要求作进一步调查。5 月 13 日，周总理亲赴上海，组织了一支由海军舰队和交通部门组成的海上编队，并向编队全员作了动员报告。

1963 年 5 月 18 日上午 9 点，海上编队从上海吴淞码头起航，这是一支庞大的编队，其中有护卫舰、扫雷舰、猎潜舰各 2 艘，还有 4 艘潜水作业打捞救生船和 1 艘油船。全编队出海人员达上千人，编队指挥由当时担任东海舰队司令员的陶永军亲自担任。如此庞大的阵容，到较远、较深的公海作业，在人民海军建军史上还是第一次。

编队在雾气昭昭的复杂天气下乘风破浪，经过 26 个小时航行后终于顺利抵达"跃进"号出事地点。海上编队开始在苏岩礁一带搜寻沉船。通过声呐、拖兜以及潜水员进行水下探测，最终在 5 月 25 日发现了沉入海底的"跃进"号。

编队用 3 艘调查作业船对苏岩礁和"跃进"号进行潜水探索，舰艇分队一面担任警戒，一面探测海区的水文气象地质等。在调查作业期间，美国和周围国家的飞机几乎每天都在我国海军作业区上空窥探，仅美军飞机就有 27 架次在我国舰船上空低飞盘旋、侦察照相。

自 5 月 26 日到 6 月 1 日，海上编队经过 72 人次的水下作业，终于探查到"跃进"号沉没的准确位置和确实原因。潜水员在苏岩礁方位 148°、距离 12 海里，即北纬 32°6′、东经 125°11′42″处发现沉没了的"跃进"号船体。潜水员摸到"跃进"号船体破洞 3 处，凹陷 5 处，船龙骨折裂 1 处。对苏岩礁的探摸情况是，在其西南角处发现了一块长 35 米、宽不到 1 米的平岩礁，且岩礁有遭受触撞的明显痕迹，在被撞处周围有很多岩石碎片，当时还取回 8 块。有 3 名潜水员在水下见到部分礁石上有紫红色油漆皮。同时对"跃进"号船体 3 段合龙的 2 条焊缝，进行多次核查，并未发现破损和异常变化。至此，终于弄清了"跃进"号沉没并非遭到鱼雷攻击，而是触礁。也排除了对造船工艺有问题的猜测。经过几十天的调查，海上编队终于找到了"跃进"号沉没的原因，圆满完成了调查任务。

我国政府曾想打捞该沉船。但由于"跃进"号购买了某国际保险公司的保险，该公司为了息事宁人，愿赔付能购买 2 艘"跃进"号的保险金，加上作业区域情况复杂，我国政府决定不再打捞"跃进"号沉船。1963 年 6 月 2 日清晨，海上编队最后一次组织潜水复查，取得了"跃进"号的航向记录本、国旗和有关数据后，随即开始返航。与此同时，新华社根据周总理的指令发出电稿声明：中国交通部为了进一步查明"跃进"号沉没的真相，因而派出作业船队和中国海军协助调查的舰艇对苏岩礁周围海域进行调查作业，于 6 月 1 日，在北纬 32°6′、东经 125°11′42″处发现了沉没的"跃进"号船体，并证实"跃进"号是因触礁而沉没。

"印迪吉尔卡"号搁浅始末

1939 年 12 月，是个严冬。"印迪吉尔卡"号客轮载着 1500 余名乘客，其中有一部分犯人。于 12 月 8 日从纳加耶夫起航，向符拉迪沃斯托克（海参崴）驶去。

航行途中，轮船连续数天遭受暴风雪的袭击。狂风的呼啸声不绝于耳，卷起数米高的浪花拍打在甲板上。船身剧烈地颠簸着，发出野兽低吼般的隆隆声响。人们吃不好饭，难以入睡，个个筋疲力尽，无精打采。为了使"印迪吉尔卡"号顺利驶达目的地，58 岁的老船长尼古拉·拉夫连季维奇·拉普申和他的 40 名船员与肆无忌惮的暴风雪展开了殊死搏斗。

12 月 11 日夜晚，轮船驶入拉彼鲁兹海峡。当时海面上刮着高达 11 级的海风，轮船如同树叶般任凭海风载沉载浮。在海风暂停的间隙，值班人员看到了阿尼瓦灯塔上的灯光。通过了阿尼瓦灯塔后，轮船便驶入卡曼奥帕斯内斯蒂岛。但出乎意料的是，那微弱的光芒却是北海道的宗古灯塔发出的亮光。

由于值班员在风暴中的判断失误，"印迪吉尔卡"号在北海道海岸附近触礁。随着一声轰隆巨响，轮船的一侧出现了裂缝。尽管轮船在海浪和暴风的作用下离开了礁石，但最终还是在距离海岸 700 米的浅滩搁浅。情况万分紧急，"印迪吉尔卡"号迅速发出"SOS"（由于海难频频多发，1908 年国际无线电报公约组织将它确认为国际通用的海难求救信号）遇难求救信号。然而为时已晚，随着轮船的逐渐下沉，无线电发射机也停止了工作。"印迪吉尔卡"号与外界的联系完全中断。

由于船体遭遇礁石的撞击，海水顺着裂缝涌入船舱，许多船员和乘客都被泡在水里。慌乱之中，人们纷纷从舱室里抢救出衣服和被褥，

搁浅的船

聚集在甲板上。男人们自发组织起来用衣被和自己的身体筑成一道人墙，为女人和小孩抵挡汹涌的海浪和刺骨的寒风。

冰冷的海水，刺骨的寒风，漆黑的夜晚，汹涌的海浪，这一切都给救援工作带来了很大困难。

随着船体逐渐下沉，机舱内涌进大量海水，轮机早已停止运作，船上的灯光也全部熄灭。此时，没有任何人能够单独离船逃生。而拥挤在底舱的罪犯们想要获得一线生机就更加困难了。在如此困境之中，老船长尼古拉急中生智，果断下令在船底凿洞，用粗绳子把底舱的犯人们拉上来，再把他们送到没有被水淹没的船舷上。人们在船舷上绑上一根粗缆绳，只要抓住绳子，就能站稳脚跟。

此时，"印迪吉尔卡"号已经与外界中断了无线电联系。为了向岸上求援，老船长尼古拉决定命令身强体壮的木工维克多·桑德勒以及其他9名船员乘坐小艇登岸。人们费了九牛二虎之力，才把小艇放入水中，但随即它就陷入漩涡。经过一番周折，小艇总算行驶到日本北海道附近，但悲惨的是，一个大浪将5名海员卷入深海之中。当幸存者们踏上海岸时，他们已经筋疲力尽。5人拖着疲惫不堪的身体，在一片漆黑中找到了附近一家渔民。他们费了好大力气，才让日本渔民了解到海上发生了什么。

与此同时，"印迪吉尔卡"号的倾斜度正在不断加剧。尼古拉决定将最后一艘承载10人的小艇放入海中，驶向对岸。然而，小艇刚刚离开轮船，就遭受到风浪的袭击，4名海员一下子就被海浪卷走了，只剩下最后2人艰难地抵达海岸。

虽然这起海难发生突然，但老船长尼古拉自始至终镇定自若，表现出高度的应变能力。他想尽一切办法，尽可能减慢轮船下沉的速度，为救援争取时间，拯救船上的落难者。尽管如此，汹涌的海浪却一刻也没有停歇。此时，人们不仅要克服严寒，还要与疲劳做斗争。为了尽快和岸上取得联系，在老船长的带领下，人们在船上点起了火堆。岸上的人们发现后，马上在海岸生起了火堆，作为回应。

当时正处于第二次世界大战开始时期，苏联与日本的关系十分微妙。因此，如何救援苏联人，也着实让当地日本人为难。当时5位落汤鸡似的俄国大汉深夜闯入一个普通日本渔民的家里，那个渔民手足无措，不知如何是好，只好向当地警察报警。警察深知此事复杂，不敢擅自做主，在向上级报告的同时，建议立即派遣救援队前来营救。当时稚内市警察局局长面对这一棘手的问题，进退维谷。一方面，救援队不能不派，但这也意味着让自己的部下前去送死；另一方面，他也确实不愿意救助敌国的遇难者。权衡再三后，局长决定先派1名视察员和3名随员前去调查情况。

黎明时分，轮船侧倾在海水中。可怜的人们聚集在船的一头，一边呐喊求救，一边接受风浪无情的袭击，形势十分严峻。但不幸的是，当地村庄并没有大船，渔民们对这些落难者也爱莫能助，只能眼睁睁地看着海浪推过来的尸体。在无计可施的情况下，渔民们决定将一条小船推下海。然而，渔船刚刚解开缆绳，就被汹涌的海浪颠覆了。

在村长和当地官员的号召下，村民们成立了一个救难指挥所。许多人为幸免于难的伤者包扎伤口，喂食喂汤。

12月12日下午4点，日方向驻东京的苏联大使馆通报了"印迪吉尔卡"号遇难的消息。此时，轮船的情况已经到了危急关头。汹涌的海浪一个接一个地冲击着船身，这使"印迪吉尔卡"号侧倾更为严重，轮船随时都有可能分崩瓦解。

此时，稚内市警察局的人员才带着一名医生和数名翻译姗姗赶来。他们最终决定：立即组织救援行动。直到12月13日凌晨2点，3艘从稚内港口驶出的日本轮船才抵达遇难地点，救援人员设法拯救船上

暗礁浅滩成海上拦路虎

的幸存者。到 12 月 13 日下午一点，救援人员共救起 395 人，与此同时，岸上的渔民们彻夜未眠。他们有些帮忙抢救神志不清的伤者，有的打捞海面上的尸体。

　　此后，402 名生还者被送到稚内市，他们乘坐一艘日本轮船，在 12 月 14 日抵达日本小樽。他们又从小樽换乘一艘名叫"伊里奇"号的苏联轮船返回祖国。

Part 4

海中冰山暗藏致命危机

　　海洋不仅是孕育生物的母亲，也是暗藏杀机的凶手。在北冰洋和南大洋海域，除了生活着鲸类、鱼虾、海豹等动物，它的海面上还漂浮着巨大冰块和冰山。这些冰山常年不化，非常坚硬，能够轻易破坏金属。因此，这些冰山也成为航海船只的致命杀手。

海上冰山沉船多

南大洋和北冰洋海域被人们称为"冰雪之洲"，这是因为它们分别位于南极半岛和北极圈附近，那里气候恶劣，常年经受冷风和严寒的袭击。因此每逢隆冬，这两片海域时常被冰雪覆盖，而春夏之季，冰雪消融，海面上时常漂流着大量浮冰和巨大的冰山。

说起冰山，我们并不陌生，它是一块大若山川的冰，在海水的冲击下，脱离了冰川或冰架，在海洋里随风漂游。因为冰山多数为密度较低的纯水，而海水的密度相对较高，因而，冰山有 90% 的体积都沉没在海水表面下，使人难以判断它的形状，这也是人们以"冰山一角"来形容严重的问题只显露出一小部分的由来。冰山非常坚硬，能够轻易破坏金属，因此这些随风运动的冰山和浮冰，也是海洋运输中极其危险的因素。

自古以来，人们热衷于发现新鲜事物。19 世纪阿蒙森发现并征服西北航道，再次点燃了人们对于开拓北极航海路线的热情。随着科学的发展和进步，南、北极海域航线已成功被人们开发，人类涉足极点已并非难事。但在前往这片充满魅力的海域途中，危机四伏，汹涌的流冰群和巨大的冰山常使船只沉没深海之中。

航行在冰海中的船只，最大的克星莫过于冰山。历史上有无数的船只，因撞上冰山而导致船舱内积水过多，最终只能接受沉没的命运。其中，最令人震惊的冰山海难，莫过于 20 世纪被誉为"永不沉没"的"泰坦尼克"号发生的沉船事件。"泰坦尼克"号在与冰山相撞后，仅支撑了 2 小时 40 分钟，最终连同船上未来得及逃生的1500 余人一起沉没在冰海之中。

发生类似意外的还有加拿大哈德逊湾公司制造的一艘名为"贝奇摩"号的蒸汽货轮。这是一艘烟囱高耸，驾驶台弯曲，船首高且长，十分雄伟、壮观且坚固、结实的船，它足以抵挡北方水域可怕的大块浮冰和流冰的袭击。

1931 年 7 月 6 日，"贝奇摩"号从加拿大温哥华港口起航，开始了新的航程。它在炎夏阳光的照耀下，向西北方驶去。"贝奇摩"号每到一个港口，船员们就会卸下给当地运送的物品，装上一些皮毛。最后，"贝奇摩"号顺利抵达了目的地——维多利亚海岸。在这里他们装满了货物，准备返航。

然而，那年严冬过早地袭击了这里，狂风和严寒迅速将流冰群带往了这片海域。9 月底，茫茫大海只剩下一条狭窄的水路了。10 月 1 日，"贝奇摩"号被浮冰团团围住，堵截了货船最后的水路。"贝奇摩"号的发动机停止了转动，船身已无法移动。

航海经验丰富的老船长深知"贝奇摩"号陷入困境，于是命令船员们穿越大约 1 千米的浮冰，来到阿拉斯加北岸港口附近的村子里躲避严寒。船员们在村子里一家农舍借住了两天，大家都被肆虐的寒风折磨得瑟瑟发抖。

蒸汽船

就在船员们避寒的第三天，突如其来的意外震惊了所有船员：这时候，流冰群突然四散而开，慢慢地在船的两侧浮动。船员们急忙跑出农舍，踩着正在移动的浮冰，爬上了船。他们费了好一番工夫儿，才让发动机重新启动。正当所有船员在为战胜了此次灾难而欢呼雀跃时，流冰又一次将"贝奇摩"号围困起来。

10月8日，随着一阵令人心惊的破裂声，冰面上出现了一条巨大的裂缝，包围着船身的冰块断裂开来，纷纷向船身两侧涌来，裹挟着货船在海面漂流。老船长见此情形，面色铁青，他明白"贝奇摩"号已经陷入了危机。此时，两侧的流冰更加汹涌地袭击着"贝奇摩"号，要不了多久，这艘货船就会像鸡蛋壳那样，被浮冰冲击的压力挤得粉碎。于是，老船长立即发出了求救信号。

一个星期过去了，被流冰困住的"贝奇摩"号始终没有得到救援，船长和船员们虽然万分焦急，却也无济于事。与此同时，哈德逊湾公司在收到求救信号后，立即派出救援队前去支援，然而却因海面大量的浮冰被迫返航。此刻情况越发紧急，哈德逊湾公司只好改派飞机救援。在抵达救援地点后，救援队先后救出22名船员，而船长和其他14名船员被暂时留在了船上，等到冰块融化时，将货物及货船一同抢救出来。

11月24日深夜，暴风雪肆无忌惮地袭击着这个地区。船员们只好躲进建造在坚冰的帐篷里。当暴风雪减弱后，他们跑出帐篷一看，眼前的景象震惊了所有船员。海面上竟然屹立着一座20多米高的冰山，而"贝奇摩"号却不知去向。船员们四处搜索，却一无所获。大家都认为货船已经被暴风雪击成碎片，沉入海底了。船员们为船长和其他船员的遭遇感到难过，他们在岸边举行了小型的祭礼，随后回到了安全的营地。

几天后，一个以捕猎海豹为生的因纽特人带来了一个喜讯：几天前，他在西南方 72 千米处看到了"贝奇摩"号。船员们一听大吃一惊，赶忙前去查看。果然，一切正如那个因纽特人所言，只是"贝奇摩"号早已被冰块冻住，无法把它开回去了。老船长只好带领船员们将船上的货物搬运下来，舍弃了"贝奇摩"号，与其他船员一同乘坐飞机返回了加拿大。

虽然"贝奇摩"号被浮冰冻得无法移动，但幸运的是并没有人员伤亡。而英国的蒸汽轮船"岛民"号的命运就悲惨多了。1901 年，"岛民"号离开英国港口，航行至阿拉斯加海岸时，不幸撞上了一座冰山。这艘轮船仅在 15 分钟内，就沉没在这片海域，造成 40 名人员死亡。

数百年来，在航行途中，遭遇冰山撞击而沉船的事件数不胜数。尽管现代科学技术已经很大程度地避免了此类事件的发生，但是依然无法完全杜绝。在 2007 年，"探险者"号邮轮就因撞上冰山而沉没。因此，船只在海域航行时，还是要做好万全准备，谨慎航行。

威德尔海沉船事件

威德尔海位于大西洋最南端，深入南极大陆海岸，形成一个凹入的大海湾。这里经常被厚冰覆盖，即便是南极的盛夏，在威德尔海北部，也时常能够看到大片大片的流冰群。这些流冰群就像一座白色的城墙，首尾相接、连成一片，有时海面上还漂浮着几座巨大冰山。有的冰山高达一二百米，面积也有几百平方千米，远远望去，就像是一片宽广的冰原。这些流冰和冰山互相挤压、撞击，发出震耳欲聋的响声，令人心惊胆战。不少船只航行至此，都遭遇到流冰群和冰山的严重撞击，最终只能被威德尔海的流冰所吞噬。因而，这片海域也被称为"魔海"。

1914 年，探险船"英迪兰斯"号离开英国港口，向南极方向航行。"英迪兰斯"号一路乘风破浪，终于抵达南极海域——威德尔海。在威德尔海的冰海中航行，风向对船只的安全至关重要。如果遇到南风，流冰群向北散开，此时在流冰群之中就会出现一条宽阔的缝隙，船只就可以在缝隙中航行。然而，"英迪兰斯"号在威德尔海的冰海中航行时，北风忽起，很快流冰和冰山就聚集在一起，挡住了船的去路。

"英迪兰斯"号的船长见流冰聚集，赶忙下令掉转船头。可是帆船已经被流冰团团围住，动弹不得。船长当即下令，放下船帆，以防止"英迪兰斯"号面临暴风掀翻的危险。由于帆船已经动弹不得，船员们只好在船上越冬，一路随着流冰漂泊。由于食物、燃料有限，船员们每天只好缩衣减食，祈祷船只早日摆脱困境。

"英迪兰斯"号被流冰群困住了一年之久，直到第二年夏季，冰

冰山

河化解，船只才重获自由。就在"英迪兰斯"号摆脱流冰阻碍的困境后，船身底部忽然传来一阵惊心动魄的"咔咔"响声，随即船舱涌入大量海水，"英迪兰斯"号一时间倾斜严重。由于流冰对"英迪兰斯"号船体的冲击，导致船底部分变薄，受损严重，从而无法抵御海洋的压力，最终船底断裂，"英迪兰斯"号沉没了。

威德尔海域沉没的船只并不在少数，大多数遭遇流冰困阻的船只，都会由于食物和燃料有限，以及威德尔海冬季暴风雪的肆虐，导致船只难以逃离威德尔这片魔海，最终"长眠"在南极的冰海之中。因此，威德尔海以及南极其他海域，一直流传着"南风行船乐悠悠，一变北风逃外洋"的说法。时至今日，各国探险家依然对此深信不疑，这也足见威德尔海名不虚传。

事实上，威德尔海被称为"魔海"，不仅是因为汹涌流冰和肆虐的风暴，鲸群对于船只来说也是巨大的威胁。

夏季，威德尔海湛蓝的海水中，鲸鱼成群结队，它们时常浮出海面喷水嬉戏，别看它们悠闲自得，其实非常凶猛。其中，最为凶猛的就是逆戟鲸，它是一种能够吞食冰面上任何动物的可怕鲸鱼，被人们称为"海上屠夫"。

逆戟鲸在发现冰面上有人或海豹等动物时，便会从海中纵身一跃，张开血盆大口，一口吞掉食物，其凶猛程度，令人毛骨悚然。也正是逆戟鲸的存在，使在威德尔海落难的人们难以生还。

除此之外，威德尔海还存在着绮丽的自然现象——绚丽多姿的极光和变化莫测的海市蜃楼。船只在威德尔海中航行时，仿佛置身仙境，它那瞬息万变的自然奇观，既使人感到神秘莫测，又令人魂惊胆丧。

有时当船只正在流冰缝隙航行时，忽然发现周围全是陡峭的冰壁，

海中冰山暗藏致命危机

船只好似被团团围住，挡住了去路，使人惊慌不已。霎时，这些冰壁又消失得无影无踪，使船只转危为安。有时，船只明明在水中航行，突然又觉得置身于冰山山顶，瞬间，便把船员们吓得魂飞九霄。而当夕阳时分，人们眼前又出现金色的冰山，好似随时都要撞击船只，让人惶恐不安。

事实上，这只是大自然的光学现象，即海市蜃楼。而这样的虚景，却使不少船只为躲避虚幻的冰山，从而与真实的冰山发生撞击，甚至陷入流冰包围的绝境之中。

永不忘记"泰坦尼克"号

1912年4月，英吉利海峡北侧的海港城市南安普敦春意盎然，全城市民都在期待"泰坦尼克"号的首航之旅。几个月来，英国白星轮船公司一直在大力宣传"泰坦尼克"号这个月10号的纽约航行之旅。"泰坦尼克号"是20世纪最大、速度最快的豪华邮轮，为了彰显它的无与伦比，白星公司以"海上女王"这个标题为这艘豪华无比的邮轮做广告宣传。"泰坦尼克"号拥有当时最先进的设计和高达6.6万吨的排水量。此次航行由老船长爱德华·约翰·史密斯驾驶，在临行之际他曾发出如此重誓：要在"泰坦尼克"号横渡期间，以最快速度横渡大西洋的"蓝色绸缎"。这也难怪白星公司经理，在收到"泰坦尼克"号沉没的消息时，只当是一个玩笑。

在广告宣传的频频鼓动和豪华邮轮的强烈诱惑下，驶往美国纽约的"海上女王"的船票被一抢而空。

在1912年4月10日，南安普敦城市海岸热闹非凡，人人欢欣鼓舞，赶往海岸观看豪华邮轮起航。此次乘坐"泰坦尼克"号的乘客多达 2200 余人，他们精神焕发、神采飞扬，与送行的人们频频招手，看热闹的人们心情也十分激动，异常兴奋。市长、轮船公司经理和整座城市的市民纷纷聚集在南安普敦码头，为"泰坦尼克"号饯行。船上船下欢声不断，彩旗招展，热闹非凡。

一路上，"泰坦尼克"号乘风破浪，昂然前行，经过 4 日的航行后，邮轮靠近北美大陆，进入多冰的北大西洋的危险海域。这里堆积着巨大的浮冰和冰山，这些冰山都经过常年累积、冰封，变得结实、庞大，海面上不乏漂浮着几平方千米大小的巨大冰山，这对海面航行的船只造成了巨大的威胁。然而最令人恐惧的是这些露出海面的冰山不足其总体积的十分之一，它们的大部分隐藏在海水下面，让人难以确定其具体位置。所以，有时尽管看起来轮船距离冰山还有相当距离，事实上轮船吃水部分已与冰山相撞。因此，船舶航行在这片宽广的大西洋危险海域，最要紧的就是提防潜在的危险。

4 月 14 日，来往于这条航线上的邮轮纷纷给"泰坦尼克"号发送电报，提醒"泰坦尼克"号注意他们发现的冰山。"泰坦尼克"号航行在辽阔的北大西洋海域，放眼望去，海面上的巨大冰块在阳光的普照下晶莹剔透，并随着波浪漂流移动，如果不是它具有强大的破坏力，也是一道难得一见的风景。

此刻，乘客们正站在甲板上观赏这道独特的风景，不禁雀跃起来。这时候，有丰富航海经验的老船长史密斯深知巨轮所处航线的危险性，立即下命令："舵手听令，向南航行！"此时，"泰坦尼克"号的航线开始偏南，向东南方航行。巨轮依旧以每小时 21 海里的速度向目的地航行，行驶途中一切如旧，船舱里洋溢着欢快的气氛，唯一令值班人员不安的是，空气中的温度仿佛越来越低，轮船仿佛置身冰窟之中。

"泰坦尼克"号沉没

　　就在继续向南航行过程中，值班船员忽然发现夜色中有一处异常的光亮，随即拉起了警报。听到警报铃后，各个机器前的工作人员按照船长的号令，扭转"泰坦尼克"号的航向，闪避了一下，巨大的冰山擦肩而过。尽管"泰坦尼克"号逃过一劫，却始终没有摆脱沉没的厄运。

　　此时是 10 点 20 分，巨轮航行到加拿大芬兰岛外侧以南 160 米处。就在老船长聚精会神地注视北大西洋宽广的海面时，突然，船长听到船底发出一阵异样的颤动声。老船长赶忙前往船的下层，一间间地检查工作室。当他经过机房时，这种声音顿时变大，在密封舱外，老船长惊恐地发现，船上的 16 个密封船舱，有 5 个都灌满了海水。"泰坦尼克"号的安全指标是 4 个密封船舱灌满水不会下沉，显然此时巨轮的处境已相当危险。

　　这些海水是从一条长近百米的巨大裂缝涌入的。而这条巨大的裂缝，正是被海里隐藏的冰山挤裂了船身造成的。此时"泰坦尼克"号已经开始下沉，尽管所有抽水泵一起发动，也无法及时将海水排出去，情况非常危急。老船长愤怒地往机舱跑去，同时通过无线电发出求救信号。当时距离"泰坦尼克"号最近的是33千米外一艘名叫"加利福尼亚人"号的客船，由于当时没有报务员值班，因此没有收到求救信号，继续它的航行。

此时船上的工作人员都进入了紧急状态，在他们采取紧急措施时，乘客们依然悠闲自得地干着自己的事情。有些乘客已进入了梦乡，有些乘客则在酒吧或舞厅享受生活。这几天他们过得十分愉快，谁也没有想过危险会降临到这艘安全可靠的豪华邮轮上。

在乘客的欢笑声中，传来了一阵紧促、低沉的弃船警报声。紧接着，船长充满遗憾的声音响彻在每个人的耳畔："各位，'泰坦尼克'号正在开始下沉，尽管我们采取了各种紧急措施，但已于事无补，所以我们现在只好弃船逃生。但现在的问题是，我们的救生船只能拯救不到一半的乘客，我们当中的大多数人都将和这艘邮轮一起沉没……尽管如此，女士们，先生们，我和我的船员将和各位共同面对！"

当晚0点25分，老船长史密斯下令，让妇女和孩子先登上救生艇。人们在恐慌之中接受了这个残忍的事实，在众人的帮助下，妇女和孩子被安置在救生艇上。孩子的哭闹声、老人的求救声、女人的叫喊声，人们杂乱的脚步声混在一起，所有人都被这突如其来的灾难吓丢了魂。

15分钟过去了，锅炉室和5个水密舱都被淹没，大量海水已经透过防水板侵入船舱底。此刻，"泰坦尼克"号已经没有任何防水设施了，海水从底部开始向舱室涌入。当时正在邮件室抢救邮件的船员，成为了第一批遇难者。

0点55分，"泰坦尼克"号的船头已经没入水中。登陆救生艇的工作也逐渐陷入了混乱。尽管大家遵守了优先妇女和儿童的美德，但很多救生艇都是在半空的状态下就被放入海中。其中一艘可以容纳65

海中冰山暗藏致命危机

人的救生艇，只乘坐了布朗·穆迪、普成少校等28位身份贵重的人。

随着"泰坦尼克"号倾斜的加剧，人们对死亡的恐慌也愈发强烈，大家都争先恐后地爬到救生艇中，甚至为了避免小艇倾覆，搭乘小艇的人拒绝其他乘客上船，使原本可以搭载1178人的救生艇，只承载了651人。

凌晨1点40分，大多数救生艇已驶离"泰坦尼克"号，以防沉船产生的涡流把救生艇卷入水下。这时，位于右舷的最后一艘救生艇被放下海面，船首继续下沉，甲板已全部没入水中。来自丹佛市的伊文斯夫人把救生艇座位让给一对母子，而白星公司的主席伊斯梅则抛下了他的乘客、船员和他的船，在最后一刻跳进了救生艇中，甚至还拒绝让其他乘客搭乘，他认为人少点也没关系。人性的善与恶在此刻被暴露无遗。随着涌入船舱的海水越来越多，船尾已经离开海面，暴露出"泰坦尼克"号的三个巨大的船桨。

"泰坦尼克"号巨轮在支撑了40分钟后，它的船尾已经因为失去重心而强浮起来，在不到1分钟的时间里，就因船身被海水灌满而迅速下沉，最后完全消失在大西洋海面上。与"泰坦尼克"号一同沉没汪洋的还有1500余名乘客，而在这1500多人中最后证实只有6人生还。

"泰坦尼克"号沉没的消息震惊了整个西方世界，人们都为这件惊天悲剧感到难过。当时大西洋海岸附近的许多地方都降了半旗；英国国王乔治五世和美国总统塔夫脱互相致唁电；德皇威廉二世也拍发了吊唁电报，以慰藉那些无辜的遇难者。

"日东丸"号冰海遇难

1985年4月，日本北方的宗古海域早已绿柳抽新，春意盎然。这时正逢真鲷鱼汛，渔民们纷纷前往这一海域。4月21日上午8点

20分，船长河野香夫也驾驶着渔船"日东丸"号，载着16名船员前往宗古海域。

宗古海域是日本北方著名的渔场，盛产真鲷鱼。此时，宗古海域海况一切正常。随着船长的一声令下，水手们撒下一片大网。随后便打捞上来。第一网的结果令人有些失望，除了一些小鲱鱼和虾外，一条真鲷鱼也没有。船长是一个有丰富经验的捕鱼能手，见此情形，他一下子就明白了其中的原因。此时北海道的冰雪正在融化，宗古海峡的流量增大，大批鱼群都到鄂霍次克海去了。于是船长下令，立即向鄂霍次克海进发。

次日清晨，"日东丸"号驶入鄂霍次克海的萨哈林海域。难得的是，这天是一个捕鱼的好天气。果然如船长料想一般，几网下来，甲板上就堆起了小山似的真鲷鱼堆。水手们都沉浸在丰收的喜悦当中。

只有松田幸一愁眉不展。他一把拉住在甲板上欢呼雀跃的船长河野香夫说："船长，海面上有浮冰。"船长望了一眼海面，发现确实有一些冰块漂流过来。但这并没有引起他的注意，他认为松田幸一只是杞人忧天，这些浮冰对他们的船造成不了丝毫威胁。松田幸一的提醒并没有让船长警觉起来，然而此时海面上的浮冰却越来越多。

没过多久，正在驾驶室小憩的池田良助被叫喊声惊醒。他向外一看，只见渔船撞上了浮冰，并向左倾斜，他立即向船长报告。船长这才意识到情况紧急，赶忙按动压舱水柜的开关，启动水泵向右船舷压水，力图恢复船平衡。然而，为时已晚，就在一名水手想要打开电报机发起求救信号时，"日东丸"号已沉没于海，船长和16名水手全部落水。

"日东丸"号只有一个救生筏。这时，松田幸一从睡梦中惊醒，他拼命冲向舱顶，打开脱离装置，就在"日东丸"号沉没的一瞬间，救生筏落入水中。松田拼命地向正在充气的救生筏游去。落水的池田、

海中冰山暗藏致命危机

井野、河田也随即爬了上来。只是甲板员加川，由于手脚已经冻得麻木，虽然抓住了救生筏的边缘，却怎么也爬不上来。而筏上的3人虽拼尽力气去拉加川，却也因冻得麻木使不上力气。再这么下去，加川就会被活活冻死。就在这时，加川感到水里有一股很强的托力，将他托上了救生筏。原来是船长河野拼尽最后的力气，拯救了加川。大家热泪盈眶。

"日东丸"号的沉没仅仅用了2分钟，除松田、加川等5人爬上了救生筏，其余11人葬身冰海之中。然而灾难并没有结束，劫后余生的5人将面临更糟糕的悲剧。

凌晨2点，松田找到两发信号弹，并把它们发射出去。可是此时的海面已被大雾笼罩，远处的船只很难发现求救信号。海上寒风肆虐，年纪较大的河田，因无法抵御严寒，就在当晚离开了人世。同伴的过早离世，给其余的人留下了莫大的悲哀和恐慌。

救生筏图

遇难后的第二天，松田看了一眼阀内的温度计，此时气温是3摄氏度。到了中午气温达到5摄氏度。遇难时，大家都还在睡觉，因此穿得十分单薄。为了防止冻伤，松田撕开食品包装袋，裹在大家早已失去知觉的脚上。他想救生筏上的淡水和食物还较为充足，只要抗住了严寒就能得救。为了增加热量，大家开始肆无忌惮地吃有限的食物，谁也没有想到会有弹尽粮绝的一天。

遇难后的第五天，天气变得更加恶劣，海面上飘起了鹅毛大雪，朔风恶浪席卷而来。此时温度仅有2摄氏度。下午3点20分，松田忽然感到救生筏有些颤动，他探头一看，顿时心惊胆战。不知道什么时候救生筏漂到了大片浮冰当中，那尖利的浮冰，随时都可能将救生筏扎破。

为阻止这样的事情发生，大家赶忙把救生筏拉到了一块大浮冰上。当天夜里，井野冻得脸色发青，身体不住地颤抖，大家轮流把他抱在怀里，这才熬过了一夜。

次日清晨，井野呼吸微弱，他艰难地睁开眼，看了大家最后一眼，就死去了。面对同伴的再次死亡，其余3人濒临崩溃，死亡的恐惧，萦绕在他们的心头。

5月3日，气温为2摄氏度，寒风依旧。救生筏随冰水漂流，3名幸存者已经筋疲力尽，他们互相撞击着身体，驱赶寒冷和死神。他们已经断粮一天了，大家都饱受着严寒和饥饿的折磨。上午8点30分，不知道从哪飞来一只海鸥落在了救生筏的筏上。海鸥在筏篷顶上蹦跳了几次，接着就开始啄救生筏。救生筏一旦被啄破，3人将面临死亡的厄运。松田眼疾手快，赶忙排放救生筏中的气，逼迫海鸥飞陷入篷顶。这时候，他忽然想到可以捕食海鸥，经过几次失败，他们终于捕到一只海鸥，就这样生吃起了海鸥肉。

5月9日下午3点，他们终于登上了陆地，3名幸存者艰难地爬出救生筏，便相继晕倒在地。半小时后，3个人又相继醒了过来，他们互相搀扶着，步履蹒跚地向远处的村子走去。

1个小时后，苏联边防军接到求救报告，当即派出一架直升机将3名遇难的水手送往波罗奈斯克市的医院。至此，在海面上漂流了17天的3名日本遇难水手终于获救。

"契留斯金"号冰海遇难

1933年，苏联海上航路总局派出"契留斯金"号前往北冰洋开拓航线。7月12日，风和日丽，阳光明媚，"契留斯金"号从列宁格勒

海中冰山暗藏致命危机

涅瓦河畔的码头驶往北冰洋。

　　"契留斯金"号是 1933 年丹麦建造的一艘新船，全长 100 米，载重量 4700 吨，排水量 7500 吨，最高航速 12 节，可以说它在各个方面都相当优秀，已经达到了当时的世界级标准。然而，它唯一的也是致命的缺点就是没有破冰能力。在北冰洋满覆冰块的海面上航行，没有破冰能力是一件极其危险的事情。

　　"契留斯金"号此行的目的，是为证明北冰洋航线的可行性。在 1932 年，苏联轮船"西比利亚科夫"号曾经对北冰洋航线做过一次探索，此次航线是从摩尔曼斯克出发，通过北冰洋，穿过白令海峡，最后抵达苏联东部地区。尽管此次试航取得了圆满成功，但人们却认为这次胜利纯属偶然，因为北冰洋航线的自然条件太过恶劣，气温极低，浮冰遍地，风向不定，似乎那里存在着太多难以克服的困难。为了解除人们对这条航道的怀疑，苏联北方海上航路总局决定让"契留斯金"号沿着"西比利亚科夫"号驶过的航线再试一次。

　　负责此次考察航行的是苏联著名

被冰封的船舶

的科学家,当时担任北方海上航路局局长的奥托·尤利耶维奇·施米特。船长维·沃罗宁是一位相当有经验的航海家,他在 1932 年成功指挥过"西比利亚科夫"号横渡北冰洋,苏联当局对他寄予厚望。经验丰富的沃罗宁船长,曾对此次航行产生过疑虑:"局长,验船委员会指出,'契留斯金'号不具备破冰能力,但我们要经过的航线却冰层重重,我们是否需要再由专家验证一下。"施米特局长对此相当自信,他回答说:"我们的'契留斯金'号是一艘刚建成的新船,它具备最先进的设备和很好的排水量,而且船上还有一批非常优秀的专家,最重要的是老船长你丰富的航海经验。所以,放心吧,'契留斯金'号的首次航行会取得圆满成功的。"沃罗宁船长被他说服了。

　　1933 年 7 月 12 日 22 点,"契留斯金"号在人们的祝福和祈祷声中离开了码头,向北冰洋方向进发。经过大半个月的航行,"契留斯金"号顺利到达摩尔曼斯克港。8 月 10 日,"契留斯金"号离开了摩尔曼斯克港,开始了它真正的探险之旅。船上载有船员、科学考察队员等 100 多人。此外还装有 2995 吨煤、500 吨淡水。这么充足的物品足够支撑全员到达目的地,即使途中发生意外,也能支撑相当长一段时间。

　　8 月 13 日,"契留斯金"号航行至喀拉海时与浮冰相遇。喀拉海处处漂浮着浮冰,然而"契留斯金"号没有破冰能力,只能一味前行,巨大的冰块不时猛烈地撞击着船舷,发出吭吭的声响。第二天,舷板上出现了第一批凹陷,1 号货舱开始漏水。"契留斯金"号边排水边毅然前行,直到它完全被浮冰包围,再也无法行进,最后被冰冻在水面上。

　　8 月 22 日,沃罗宁船长乘坐袖珍水陆两用飞机,和驾驶员一道去视察冰情,经过 45 分钟的飞行视察,他发现问题十分严重。

　　被冰封住的"契留斯金"号,只能随着巨大的冰块一起漂浮。在两个月的时间里，它经过了北冰洋的喀拉海、拉普帕夫海、东西伯利亚海、楚科奇海，接下来就该到白令海峡了，但是处境却越加困难。因为冬季一天天临近，可怕的严寒几乎把海面完全封住。天气越来越恶劣，时而暴风雪肆虐，时而浓雾昭昭，航船每前进一步都要付出巨大的代价。

　　10 月初的时候，"契留斯金"号已被冻在冰上半个月之久，施米特局长通过无线电报向总局报告了该船的处境。所有的船员也越发紧张，他们用炸药和各种办法破冰，希望船体可以早日摆脱冻冰的围困。尽管船员们做了各种努力，但破冰效果却微乎其微。人们站在 6 米厚的冰块上，眼巴巴地看着距离"契留斯金"号 2 千米处的地方，那里漂流着大量浮冰。每个人心里都想：假如我们位于那里，恐怕早已抵达白令海峡了。然而这近在咫尺的两千米，却使人无法逾越。现在唯一的办法，就是希望风向改变，使冰能破开。全体船员都在紧张地工作，他们夜以继日地敲打船舷周围的冻冰，以便使船能掉过头，摆脱此刻的困境。尽管船员们做了巨大的努力，但"契留斯金"号的境况并没有大的改变。

　　被冰裹挟的"契留斯金"号步履蹒跚地沿着一条河道向东运动，几次眼看就要穿过白令海峡，可都是由于风向改变，又向西北漂去了。在离谢尔德采卡缅角不远的地方，"契留斯金"号的右舷第一舱甲板处又被浮冰撞了一个大洞。船员们除了加紧破冰工作外，还要进行排水工作。

　　10 月底的一天夜晚，海面上忽然刮起了西北风，全船的人顿时欢呼雀跃，希望之火在人们心中又一次燃起。被冰裹挟着的"契留斯金"号第十次经过谢尔德采卡缅角，几天后船又经过了杰日涅夫角经线。11 月 3 日，白令海峡已出现在人们眼前，每个人都在心里默默祈祷，盼望这一次能成功。

海中冰山暗藏致命危机

然而，希望又一次落空。变幻无常的天气又一次改变风向——西北风转为东南风，被冰裹挟的船以每小时 5 千米的时速向北漂去，这使"契留斯金"号永远失去了穿越白令海峡的机会。船上的每个人眼睁睁地看着胜利从眼皮子底下溜走，却都束手无策。

　　"契留斯金"号一直被吹到楚科奇海的西北角。此时船身已经多处受损，船体也出现了断裂现象。楚科奇海西北角常年结冰，不适于漂浮。船长深知将来的处境更加危险，于是他吩咐大家做好应急准备，同时又通过无线电向总局发出了救援信号。

　　总局接到报告后，决定派遣苏联的"里特凯"号船前去支援。11月中旬，"里特凯"号接到了前往救援的任务，但后来总局经过分析，认为"里特凯"号无法完成此次任务，为减少不必要的损失，总局决定放弃救援，命令已经出航的"里特凯"号返航。

　　被冰裹挟的"契留斯金"号一动也不能动，除了等待救援，他们唯一可做的事情就是做好应变的准备。1934 年 2 月 12 日午夜，刺骨的海水掀起了 8 米多高的冰浪，冻在冰上的"契留斯金"号突然被推动了。这并不是什么好兆头，全体船员立即进入警备状态，大家紧张有序地将过冬的储备运到了冰层上。就在大家匆忙搬运东西的同时，海水一下子涌进了船舱，灌满了机房；浮冰的挤压越来越厉害，铆钉一个个被挤掉，原来完好的左舷舰首部也被挤裂。人们在惊心动魄中加快了卸东西的速度。就在新的海浪再度来袭时，"契留斯金"号的前半部开始慢慢下沉，船长即刻下达命令："所有人一起上冰！"船上 104 人，包括 10 名妇女和两名婴儿都井然有序地撤到了冰层上。只有一个人没来得及从沉船中跑出来，不幸遇难。

　　2 月 13 日 15 时 30 分，"契留斯金"号在楚科奇海的海面上永远地消失了。

海／难

Shipwreck

船长通过无线电报向苏联政府报告了"契留斯金"号沉没的消息。随即，带领人们在冰层上驻扎营地，等待救援。莫斯科当局在接到求救报告时心急如焚，很快成立了莫斯科营救委员会，采取紧急措施营救被困的人们。为了营救遇险的人，营救委员会想尽了各种办法，派狗拉雪橇去，失败了；派破冰船前往，又来不及；最后只有派飞机去。然而在零下 40 摄氏度的白茫茫的海面上寻找一个没有特殊标志的人群，也并非易事。

若干架飞机从哈巴罗夫斯克等地的机场起飞，前去救援遇险的人们。经过多方的努力，救援飞机终于在第 29 次搜寻中发现了袅袅炊烟和冰上奔跑的人群。飞机顺利在冰面上降落，所有的妇女和儿童首先被安置在机舱内运走了。接着飞来的飞机接走了其他船员。只有一架 P-5 型飞机按规定只能载一名乘客，却载了 6 个人。其中 4 个人挤在座舱中，两个人绑在机翼上。 4 月 12 日，营地只剩下最后 6 人，其中包括船长沃罗宁。此时，冰面上的裂缝越来越大。4 月 13 日，最后一批人也成功撤离。当晚，海面上刮起了大风，卷走了冰面营地上所有的东西。

"探索者"号撞上冰山

20 世纪初发生了一起震惊全球的海难事件——"泰坦尼克"号撞上冰山沉没。谁知在百年后的 21 世纪，又一件海难事故在南极重演。2007 年的一个午夜，一艘加拿大邮轮在航行至南极圈附近时，发生了撞击冰山事故，邮轮不幸沉没，但与"泰坦尼克"号相比，幸运的是乘客和船员全部获救。

"探索者"号是在 1969 年由总部设在加拿大多伦多的"盖普·探索家"公司建造而成，船长 73 米，宽 14 米，排水量 2400 吨，它具备最先进的设计和装置，是一艘豪华邮轮，也是世界最著名的邮轮之一。它横渡连接大西洋和太平洋的西北航道，开辟了北极旅游航线，人们亲切地称它为"小红船"。

2007年11月11日，"探索者"号邮轮在众人的欢呼声中离开了阿根廷南端的乌斯怀亚码头，开始了南极马尔维纳斯群岛一带为期19天的旅程。船上共有154人，其中包括91名游客、54名船员和9位探险家。游客来自多个国家和地区，包括加拿大、澳大利亚、英国、美国、比利时、荷兰、日本、瑞典等，还有1个中国大陆人和2个香港人。这些游客都是来参加南极游的，为了实现前往南极观光的梦想，他们每个人都支付了高昂的费用，岂料却遭遇了一场海上惊魂。

11月23日零点50分，"探索者"号邮轮正在穿越乔治王岛外的布兰斯菲尔海峡。当经过一片浮冰区时，"探索者"号小心谨慎地躲避着漂流的浮冰。"探索者"号船体不大，非常适合在南极的小冰山与窄港湾航行，不仅能够保障游客的安全，还能带领人们游览南极海面的美景。然而，此次航行并不顺利，海面上忽然狂风四起，一座冰山直向邮轮冲来。船长立即下令转舵，但为时已晚。随着轰隆一声巨响，舰首和冰山相撞在一起，"探索者"号被冰山撕开一个长25厘米、宽10厘米的洞，船体周围也出现了严重的裂痕，大量海水涌入船舱。

邮轮上的阿根廷船员安德雷娅·萨拉斯回忆：当时夜色已深，她正在船上的酒吧和同事以及游客喝酒闲聊，突然看见几名在底舱工作的船员匆忙地跑了上来，他们已经浑身湿透，惊慌地喊着："进水了！进水了！"

几分钟后，邮轮发出广播通知，报告了邮轮与冰山相撞的消息，并要求所有游客和船员做好弃船逃生的准备。同时要求乘客保持镇定，因为目前的险情尚且还能控制。

"探索者"号

随着大量海水涌入船舱，很快邮轮就开始向右倾斜。尽管船员已经尽力用泵排水，但邮轮倾斜却更加严重，"探索者"号将面临沉船的危险。船长在发出求救信号后，立即下达了弃船逃生的命令。船员们急忙将救生艇和救生筏放入海水中，并把游客们分批转移到救生艇上，带游客们安全撤离。而船长和另外3名船员则继续留在船上，和前来救援的船只保持联系，并试图挽救"探索者"号。

面对突如其来的悲剧，游客们感到惊慌失措，但是在船员的组织下，他们很快就镇定下来，听从船员的安排，井然有序地分批撤离，船上没有出现任何慌乱。更加幸运的是，当时海上的风浪已经停止，天色开始逐渐发亮，这一切都为自救行动创造了良好的条件。

"探索者"号在遭遇冰山袭击的30分钟后，总部设在罗马的国际海事救援中心，就收到了"探索者"号的求救信号，并向周围海域的船只发出紧急救援信号，几艘正在附近海域的邮轮和船只，纷纷向出事地点驶去。

此时，游客们和船员正在海面上焦急地等待着救援人员的到来。由于海面温度很低，一些船员和游客因为衣服被海水打湿，冻得瑟瑟发抖。凌晨4点，经过3个多小时的等待后，挪威的邮轮"挪威北方"号和一艘救援船只先后抵达失事地点。

所有遇难人员都被转移到"挪威北方"号上，整个营救过程中，无人伤亡，也无人落水。救援人员给他们带来了保暖衣服，随后将游客们安置在"挪威北方"号的船舱休息。尽管他们在海上待了很长时间，但他们都很冷静，也没有惊恐。"挪威北方"号还为他们提供了热饮和食物，船上的医生和护士也为他们检查身体，没有人体温过低。

游客和船员获救后，遇难的"探索者"号船体已经严重倾斜。在救援队的帮助下，留守在船上的船长和3名船员也成功获救。随后，身负重创的"探索者"号邮轮渐渐沉没在这片冰海当中。

此次"探索者"号与冰山相撞沉船，之所以没有发生像百年前"泰坦尼克"号大量人员死亡的悲剧，主要是当前的海上救援机制与以前相比，已经不可同日而语。事故发生后，附近海域的船只能够迅速接到消息并前往救船，阿根廷、智利、英国、美国的海岸警卫队和海军立即派遣船只展开救援行动，阿根廷乌斯怀亚市政府更是为救援行动提供了准确信息和后勤援助。当然，"探索者"号数量充足的救生艇和救生装备，也是人们获救的主要原因之一。此外，还有一个客观条件："探索者"号并非巨轮，它承载的人员也不多，给营救带来了便利。不过，此次事故也提醒我们，在南极圈一带遍海浮冰的情况下，开发大规模海上旅游活动是相当危险的，也是困难、不合时宜的。

Part 5

火灾引发的海上灾难

　　自人类航海以来，海难也不可避免地随之而来。除海上的狂风、波涛、浓雾等恶劣的自然条件，人为造成的海难也数不胜数。其中尤为使航海人惊恐的，便是船舶火灾。如今，人们加强船舶消防知识，船舶火灾大大减少，而数十年前，因船员缺乏消防意识引发的悲惨海难，实在令人哀叹。

"共青团"号葬送火海

"共青团"号是苏联建造的一艘核潜艇，这艘核潜艇的外形酷似一枚鱼雷，艇体是用昂贵的航空金属钛制造而成，这在世界上是绝无仅有的。它在 1984 年正式加入苏联海军北方舰队服役，也是苏联唯一能下潜到 1000 米以下深度的核潜艇。整个艇共分为 7 个舱室。艇上装备有核弹头鱼雷、潜射巡航导弹和反潜导弹，水上最大航速达到 26 节，水下最大航速 38 节。这艘核潜艇不仅具备很快的航速，而且还是一艘具备攻击性核动力的潜艇，这足以让任何国家制造的核潜艇感到如芒在背。然而，这艘绝无仅有的核潜艇的命运却令人唏嘘，它被一场突如其来的火灾烧毁，沉没在寒冷的挪威海域。而当时艇上三分之二的船员，都被这场大火和冰冷的海水夺取了生命。

1989 年 4 月 7 日，"共青团"号核潜艇顺利地完成了巡逻、实验等任务，所有的船员都期盼能在 5 月之前，回到岸上与家人团聚。此时，潜艇在 350～450 米深度上低速航行。当时世界上还没有一艘核潜艇敢长时间地在这样的深度上航行，海军准尉布赫尼卡什维利在值更。他检查完舱室后，通过话筒向中央指挥舱平静地报告说："第 6 舱检查完毕，隔离抗力和空气成分正常。"但当他走进第 7 舱时，突然发现第 7 舱的左舷有火苗蹿出。他立即向中央指挥舱报告了火情，并关上舱室密闭门，试图用舱室里的二氧化碳灭火装置将火花熄灭。

在收到火情报告后，艇长瓦宁上校决定尽快让潜艇浮出水面。可就在此时，艇长面色凝重地瞪着操作台上的仪表数据，第 7 号舱室温度指示已经超过 70 摄氏度。一场大火正以凶猛之势蔓延开来。顷刻间舰艇各舱室响起了急促的警报声。很快，第 4、第 5 舱室的船员也报告说"冷却泵功率减弱"，还不时传来"噼里啪啦"的火花声。

此时，大火已经到处肆虐：电线网、控制板都在燃烧、爆炸。船

核潜艇

员们只能赤手空拳地将它们扯开。然而祸不单行，就在核潜艇浮出水面后，竟然出现了倾斜并不断加剧。艇长想利用第 5 舱和第 7 舱右舷的主后载水舱注水的办法消除倾斜。不料却事与愿违。注水后，倾斜更加严重，这也浪费了艇的储备浮力。

核潜艇在海浪上颠簸着，从第 7 舱室冒出的浓烟弥漫在海面上。11 点 10 分，在艇长的组织下，船员们开始对各舱室进行检查，一边检测着核潜艇受损程度，一边将受伤人员送到上层建筑上。

灾难并没有结束。11 点 14 分，艇壳上厚实的橡胶保护层已经熔化，海水与烧到白热化的钢板接触后，生成浓密的蒸气。13 分钟后，艇舱内出现有毒气体，船员们赶紧戴上防毒面具。尽管如此，但依然有人中毒。艇长赶忙向舰队司令部发出了密码报警信号，但都是石沉大海，杳无音信。据幸免于难的海军准尉科佩克说："在没有上级命令的情况下，艇长没有权利发出公开的国际求救信号。"因此，"共青团"号直到最后沉没，也没能发出"SOS"求救信号，这也使斯堪的纳维亚的任何一个救生站，都没能译出核潜艇呼救信号的密码。

"共青团"号孤立无援地漂浮在海面上。除了第 7 舱室，其他舱室的火已被扑灭，船员们在甲板上为受伤和中毒的伙伴们裹伤敷药。第 7 舱室仍在燃烧，船员们的一切努力都未能奏效。

下午 4 点 35 分，艇长向舰队指挥所报告："'共青团'号火势增大，扑灭无效。在 15 分钟内，船尾隔壁的温度已经从 70 摄氏度升到 110 摄氏度，舱内不断发生爆炸，船员必须撤离！"6 分钟后，又报告："艇体突然尾倾加剧！"舰队很快下达了放下救生筏和收好机密文件准备撤离的命令。

可就当他们放下第一个可容纳 20 人的救生筏时，发现怎么也解不开它。当终于将筏子放入水面时，却发现能自动充气的筏子根本没有充气张开，很快就顺着潮流漂向了远方。大家赶忙放下第二个筏子，筏子虽然张开了，但是底朝天！

眼见火势越来越大，如果继续待在"共青团"号上，情况更为危险。于是艇长带领着所有船员一同跳入大海之中。

下午 5 点 08 分，"共青团"号的尾部开始沉没。

下午 5 点 15 分，"共青团"号已经完全消失在挪威海面上。

遇难者在冰冷的海水中漂浮了一个多小时，许多人在落水前就已经一氧化碳中毒，在落水后因体力不支而失去了生命。晚上 6 点 20 分，舰队指挥所派出的救援军舰终于到达出事地点。救援队 3 次将救生筏扔向海面，可惜都被海浪卷走了。最后只有 30 名船员被救援队救起。尽管救援队奋力救下了 30 名遇难者，事实上只有 27 人生还。

"共青团"号核潜艇沉没的地点位于 1370 米深的公海海域，那里距离挪威本土 340 千米，这也给搜救工作带来了相当的困难。由于核潜艇上的核燃料浓度非常高，并且潜艇上十枚鱼雷中有两枚是核弹头，这也对失事海域造成了严重的核污染，给海洋生物和沿岸居民造成了数百年的影响。

"福莱斯特"号意外引火

1967 年 7 月 29 日，美国"福莱斯特"号航空母舰已在北部海湾机动航行 5 天，处在距越南沿岸 60 海里处，正准备对越南进行轰炸。当时天气晴朗，在"福莱斯特"号的不远处还有"奥里斯坎尼"号和"好人理查德"号两艘航空母舰，另外还有两艘驱逐舰负责警戒任务。

"福莱斯特"号航空母舰是美国建造的第一级航空母舰，由纽约波斯特船厂建造。1952 年 7 月 14 日开工，历经 3 年之久才建造完成。"福莱斯特"号航空母舰共建造了 4 艘，它的装备采用新式喷气设计，也是首次采用蒸汽弹射器。它是美国历史上第一艘在龙骨上建有斜角的航空母舰。

"福莱斯特"号起初是属于大西洋舰队的航空母舰，时常执行西太平洋海域任务。但在 20 世纪 60 年代，由于美国与越南战争越发激烈，火力匮乏的美国便将"福莱斯特"号调往越南作战。肩负作战重任的"福莱斯特"号，刚刚牛刀小试，就在一次意外中草草结束了行程而被迫返航。

这天清晨，"福莱斯特"号已经发射了一组飞机。正当它发射的第二组 21 架飞机准备分头起飞时，突然准备起飞的一架拦截歼击机悬挂的空地导弹启动。紧接着撞击了尾后的另一架强击机的油箱，于是燃油沿着甲板溢出。导弹的喷气式尾浪引起了大火。虽然驾驶员已经启动喷水和泡沫的灭火系统，但都未能奏效。

飞行甲板上的飞机配置密集，火焰很快就席卷了整个机群。飞机的油箱瞬间点着，火焰迅速蔓延到了飞机甲板尾部，重为340千克和450千克的飞机炸弹在甲板上相继爆炸，油箱伴随着爆炸声冒出滚滚浓烟，沿飞机甲板弥漫，并窜入舰内舱室。

大火和弹片给消防人员造成了很大伤亡，消防器材也大受影响。强大的爆炸气流甚至将舱底的一些舰员卷入到汪洋大海之中。在"福莱斯特"号航空母舰附近游弋的船舰赶紧前来支援。"奥里斯坎尼"号航空母舰也赶紧上前为失事的"福莱斯特"号灭火并提供医疗救助。其他护航的船舰也迅速向"福莱斯特"号航空母舰喷水灭火。

经过几个小时的紧张扑救后，"福莱斯特"号飞行甲板和机库甲

航空母舰

板上的主要火源总算得到了控制，但是这两层甲板间的火焰一直燃烧经过一个昼夜才被扑灭。

此次意外事故，给"福莱斯特"号航空母舰带来了致命的损失。甲板上布满飞机残骸和爆炸的弹片。一名海军士兵发现一枚被火焰包围的炸弹，便赶紧拿来灭火器冲上前去。可谁知，就在他打开灭火器的瞬间，炸弹突然在他面前爆炸，而这名士兵和附近的几个消防员也在这场爆炸中失去了生命。

幸运的是，在所有舰员和消防人员的努力下，终于将"福莱斯特"号上的所有炸弹都拉离了航母。这时，此起彼伏的爆炸声才稍微得到了缓和。在这场灾难中共有 134 人死亡，21 架飞机被毁，另有 43 架飞机严重受损。无奈之下，"福莱斯特"号航空母舰只好草草结束了此次越南战争的任务，从菲律宾默默踏上了返航的路途。9 月 14 日，"福莱斯特"号回到了诺福克市。

这场意外的火灾让美国海军高层非常恼火。他们实在没想到苦心建造的"福莱斯特"号航母竟会出现如此大的失误。于是，美国专门组织了一支航母安全检查小组，检查舰船的起火原因。

然而令人震惊不已的是，1969 年 1 月 14 日，"福莱斯特"号航空母舰又一次和美国人开了个玩笑。

当时"福莱斯特"号正航行至夏威夷海域进行军事演习，舰上的一架飞机在启动时意外地点燃了舰上的火箭。几分钟后，火焰就在飞行甲板上蔓延开来。值班的舰员首先发现了火焰，赶紧向指挥人员报告。当消防人员赶到失火地点时，已经被眼前的熊熊大火惊呆了。如果不能及时灭火，那么"福莱斯特"号将会面临爆炸或沉没的命运。甲板上传来舰员们紧张、有序的脚步声和指挥灭火的指令，滚滚浓烟弥漫在夏威夷海面上。

灾难往往会给人带来挥之不去的阴影，但舰员们与猛烈火势争斗的勇气，是这场灾难庆幸的福音。舰员们用生命和勇敢捍卫了"福莱斯特"号航空母舰，经过 3 个小时的努力才将大火扑灭。这次事故夺走了 8 名舰员的生命，15 架飞机严重受损，并给美国带来了 5.6 亿美元的损失。

1999 年 6 月，"福莱斯特"号航空母舰退役。美国海军原本希望把该舰船改造成博物馆或作其他纪念用途，但却无人响应。于是在 2013 年，"福莱斯特"号航空母舰以 1 美分的价格出售，被当作废料回收处理。由于舰船拖驳的处理花费巨大，就算企业以如此低廉的价格收购"福莱斯特"号，事实上也是无利可图。

超级油轮碰撞引发火灾

拉丁美洲北部的巴巴多斯是个著名的海岛良港，它位于大西洋和加勒比海之间。1979 年 7 月 19 日夜晚，西德籍远洋的救助拖轮"奥辛尼奥"号像往常一样停泊在这里，尽责的值班人员正在检查、察看该船以及周围的情况。忽然，一道闪电划破天际，接着，远处就传来了隆隆的雷声，一场猛烈的大暴雪随即袭来。

就在这时，电台中传来了"SOS"信号。值班人员迅速收到了海难事故船的方位坐标，并得到初步的报告：由于视线不清，满载 21 万吨石油的"爱琴海船长"号超级油轮在多巴哥以东 18 千米处与满载 29 万吨石油的"大西洋皇后"号超级油轮发生了碰撞。两艘油轮火势严重，危在旦夕。一场举世罕见的火灾正在蔓延……

时间紧迫，第一支救援组立即乘坐"奥辛尼奥"号前赴火灾现场。经过 6 个小时航行，救援人员抵达出事海域。方圆 1 千米的海面上，两艘油轮庞大的躯体如两堆篝火般熊熊燃烧。石油不断从破损的船舱中往外溢流，形成可怕的火海，随流向漂到墨西哥湾附近的海域。

罗特范船长冷静下来，经过思考和周密的安排，决定先救"爱琴海船长"号。7月20日一早，"奥辛尼奥"号冒着随时可能被烈火吞噬的危险，冲进火海。漫天的浓烟，使视距极度不佳。石油燃烧时产生的烟气令人窒息。"奥辛尼奥"号打开所有探照灯，在海面上搜寻着两艘超级油轮的幸存者。

12个小时后，"奥辛尼奥"号小心谨慎地靠上"爱琴海船长"号滚烫的船体。船上的钢板被烧得通红，强烈的热度使救援人员难以靠近。在罗特范船长的命令下，"奥辛尼奥"号不断往"爱琴海船长"号喷射大量的泡沫和水柱，减小火势，冷却船体。同时，等待登船救援的时机。

不久，另外4艘救援船先后到达。7月21日，在另外两艘救援船的协助下，"奥辛尼奥"号的救援人员终于登上了通红的甲板。随后，救援队开始在呛人的烟雾中迅速铺设管道，把石油泵放入没有起火的

救助拖轮

后舱，减少石油外溢。

"大西洋皇后"号依然瘫痪在海面上，熊熊的大火将它围住。如果油舱发生爆炸，后果不堪设想。所有在场的人员和船只，都将随之葬入火海。情况万分紧急！

时间非常紧迫，救援工作必须争分夺秒地进行，恐惧和死亡也随着凶猛火势加剧，但它无法夺取救援人员的毅力和力量。经过多个小时的苦战，人们顽强地把消防泵装在了"爱琴海船长"号上，火势得到了初步控制。紧接着，破损的船首被抬出了水面，止住了石油的外泄，这艘失事油轮渐渐脱离了火海的围困。

但是，"大西洋皇后"号的火势仍在蔓延。厚厚的一层石油像黑色地毯似的铺满了80平方千米的海面。火借着风势不断形成新的火区。这也对刚刚脱险的"爱琴海船长"号以及18千米处的多巴哥海滩造成了潜在威胁。

多巴哥当局被迫宣布处于紧急状态。随后又派出3架飞机和4艘船只夜以继日地清理海面上的石油，为救援队运送物资。为了阻止火势蔓延，"奥辛尼奥"号在几艘救援船的协助下，终于将"大西洋皇后"号转到了下风处。由5名消防员组成的突击小组几次想要登上这艘滚烫"火船"，却都以失败告终。此时大火已经燃烧了整整10天。"大西洋皇后"号的原油差不多已经烧掉或流出了一半，但剩下10万吨原油仍处在火海的围困之中，灭火救援的希望也愈发渺茫。

8月1日夜晚，经过多方的努力，救援人员终于把一部分消防器材运送到"大西洋皇后"号上。救援人员从它的左舷下来，准备再度出击。突然，耳边响起了令人毛骨悚然的爆炸声。原油当即喷出百米高的火柱，瞬间，海面上大火一片。刚刚搬上"大西洋皇后"号的灭火器材瞬间化为乌有。所有的船只被迫撤离到火海50米以

海/难

Shipwreck

外的地方。尽管如此，还是有不少人员被灼伤，救船的希望也随之破灭了。

8月3日晚上9点30分，遍体鳞伤的"大西洋皇后"号尾部急速下沉。船体下沉的压力再次使"大西洋皇后"号发生爆炸。巨大的火球宛如火山喷发，照亮了整片夜空，白色的气团在海面上蒸腾弥漫，久久不散，整片海域就像开锅的沸水一样，沸腾起来……

这起海难是史上迄今为止最大的油轮海难事故，历时16天，有27人遇难，并导致近2亿美元的惨重损失。

醉驾的船长和糊涂的船员

"诺罗尼克"号是加拿大的一艘5层甲板、近11米高的游轮。1949年9月，它为满足游客的要求，前往安大略湖的千岛和普利斯科特进行一次短期旅行。9月17日下午6点，"诺罗尼克"号途经多伦多港9号码头并在这里靠岸休整。老船长泰勒带领大部分船员到码头休息，剩下的船员和400多名乘客则留在了船上。所有人都为此次旅行感到兴奋不已，殊不知一场灾难已经悄然降临了。

凌晨1点多钟，一个名叫车齐的游客到甲板上散步，当他走到舰尾第3层甲板的右舷时，发现一间储藏室里冒出了浓浓黑烟，并有一股烧焦的味道。车齐一下子就明白储藏室里着火了，但他没有赶紧通报船上的值班人员，而是跑去试图打开储藏室的门。由于门关得很紧，仅凭一个人的力量根本无法打开，于是他跑到甲板上，叫来了船员奥尼尔和他一起打开这扇门。然而，船员奥尼尔同游客一样缺乏防火知识，他们并不知道起火的贮藏室的门是万万不能打开的。因为门一旦被打开，里面的火苗就会顺着外面的风蹿出来，而甲板上迅猛的海风，会使大火迅速蔓延全船。

接下来发生的事情我们可想而知：车齐和奥尼尔用尽全力，终于打开了贮藏室的门。大火一下子蹿了出来，并随着风势迅速向四周蔓延。2个人惊慌失措地拿起2个小灭火器，试图将这场大火灭掉。然而，火势太大，2个小灭火器实在派不上用场。见此情景，他们只好赶忙去找灭火水管。情急之下，2人都忽视了最重要的事情，他们谁也没有通知船上的消防小组。

随着时间的流逝，火势在海风的作用下越来越猛烈，但雪上加霜的事情却接踵而来。车齐和奥尼尔好不容易找来了灭火水管，却发现水管里竟然没有一滴水。这让2个人顿时对救火丧失了信心。车齐扔下水管，对奥尼尔说："火势太大了，已经无法控制了！"说完，他便转身走开了。奥尼尔没有办法，这才想起向船长和船员报警。此时已是1点30分，大火真的已经无法控制了。

接到奥尼尔的报警后，船员们一面通知附近的多伦多消防公司，

消防船

一面叫醒还在睡梦中的乘客。当时，船上的400多名游客大部分都在睡梦当中，只有小部分游客听到了失火的消息。他们惊慌失措，不知如何是好。随着越来越多的游客被叫醒，船上越发混乱。船头和船尾挤满了慌乱的人群，叫喊声和哭闹声充斥在每个角落。

这时候，醉醺醺的船长泰勒回到了船上。他听完船员的汇报后，既没有疏散人群，也没有指挥船员控制火情，而是在船上耍起了酒疯。他在甲板上四处乱跑，语无伦次地大喊大叫，甚至用消防水管把船舱的玻璃打了个粉碎。船员们面面相觑，谁也不知道他在叫喊什么、干些什么，最后只好不再理会船长。由于无人指挥，船员们无所适从。随着火势的增大，场面也愈发混乱。

滚滚的浓烟笼罩着多伦多码头。此时大火已经无法控制，猛烈、炙热的火龙在各个舱室肆虐，仍留在舱室的游客们纷纷向舱外逃去。因为人数太多，许多人都在这场熊熊大火中失去了生命。而侥幸逃出来的人也未能脱离火海，他们只能通过甲板向岸上跑去，由于距离太远，很多人落入了水中。

多伦多消防公司在接到求救信息后，立即派出消防队前去9号码头救援。当消防队赶到出事地点时，大火已经吞噬了许多人的性命。消防队立即开始灭火和救援行动。随后，停泊在1.5海里外的一艘消防船接到报警后，也赶到了出事地点，展开了救援行动。

为了防止更多的人落入水中，消防员赶紧架起了梯子，让人们从梯子上走过来。就在下船的过程中，一个女人因为过度惊慌，竟然直接从甲板上跌了下来，正好砸在了梯子下面的几个男人身上。梯子一下子就折断了，连同梯子上的人一同掉入水中。消防队长史密斯见势不妙，立即命令手下取来一根钢制的天线靠在船上，再由消防员们爬到船上，帮助惊慌失措的游客。与此同时，消防车和消防船拼命地向"诺罗尼克"号浇水，阻止火势蔓延。在消防员的帮助、疏导下，人们渐渐脱离了险境。

第二天清晨，燃烧了一夜的大火终于被浇灭了。由于火势太过猛烈，"诺罗尼克"号已被烧得面目全非，留下一副触目惊心的残骸。这场突如其来的大火共吞噬了104个生命，另外还有14人下落不明。

此次事故之所以会造成如此惨重的人员伤亡，其原因在于糊涂的船员，以及醉驾的船长。奥尼尔由于缺乏火情知识，不仅没有制止游客的擅自行动，反而和其一同铸成了大错。而泰勒船长竟然喝得酩酊大醉，不仅没能疏散、控制火情，反而还加剧场面的混乱，最终引发这场令人痛惜的悲剧。

"雅茅斯城堡"号失火之谜

"雅茅斯城堡"号是一艘往返巴哈马、美国的豪华游船，公司为吸引更多的游客购买船票，还为它专门写了一条极具吸引力的广告语："有异国情调的迷人的纳索。"在1965年11月份，"雅茅斯城堡"号的船票被一抢而空，所有人都对这次旅行充满了期待，然而谁也没想到这艘豪华游轮竟会和"诺罗尼克"号有同样的遭遇，遭受失火沉没的命运。

11月12日早晨，最后一名乘客登上"雅茅斯城堡"号游船后，这艘豪华游轮离开了美国港口，向巴哈马驶去。乘客们都相信，这将是一次安全而愉快的旅行。

傍晚时分，船员们都欢喜地为乘客准备好丰盛的晚餐，以及一场盛大的舞会。乘客们在船上度过了一个十分难忘的夜晚，他们玩得非常愉快，也非常乏累。舞会结束时，已经是深夜了，大多数乘客在回到舱室后就睡着了。然而谁也没有想到，这竟是一次残酷死亡之旅。

凌晨 2 点钟时，无人居住的 601 室突然起火，几位值班船员透过 601 室的百叶窗看到里面跳跃的火光。船员当即把门踹开，却不料室内的火苗疯狂地朝他们扑来。他们迅速拿来灭火器时，却惊恐地发现火势已经控制不住了。"雅茅斯城堡"号的船长拜伦·沃特亨纳斯，是一位年仅 33 岁就持有黎巴嫩商船船长执照的年轻人。他听到火灾的消息后，立即赶到现场。但是，他却没有组织船员控制火势蔓延。

船上的骚动惊醒了乘客们，当他们知道发生了什么时，没一个人能控制自己的尖叫声。玛丽·丁·汉斯尔顿夫人听到火灾的消息时，当即晕倒在地。她刚刚失去了丈夫，一直沉浸在巨大的悲痛之中，本想着借这次旅行舒缓心结，谁知竟遇到如此可怕的事故。她打开舱门一看，到处都是跳动的火苗，马上就对人说："我从来没见过这么可怕的场面！"

一阵骚乱后，乘客们要去放下救生艇，但接下来发生的事情几乎令人绝望。因为这艘船根本就没法自救。乘客杰拉德·麦克·唐涅尔事后怒气冲冲地发牢骚说："他们根本没在船上安放任何救生用品！"他还说，当他走上甲板时，还发现缆绳上了油漆，根本没法放下救生绳，甚至甲板上连一个救生圈都没有。

在数百名乘客中，乔治和布朗算是十分机灵的两位了。在混乱之中，他们率先爬上了一只救生艇。但是救生艇根本没法放下海面，绞车也不能使用。后来，他们又赶忙爬上了第二只救生艇，但艇上却没有桨。终于有一只救生艇被成功放了下去。数百人蜂拥而上，有 50 名乘客和船员幸运地挤了上去。但是一位名叫马尔科姆·菲尔布鲁克的迈阿密海岸的警察却被挤到了水里。他清楚地看见不远处的海面上浮着鲸鱼的鳍，而救生艇周围全是鲸鱼。这一发现使他惊恐万状，"幸亏艇上的人在鲸鱼攻击之前把我拉上了船"。

救生艇划走了，但大部分人还留在甲板上，越来越多的人难以控

火灾引发的海上灾难

制内心的恐惧和绝望，伏在船舷上放声痛哭。

充气救生艇

幸运的是，在"雅茅斯城堡"号后面不远处有一艘名叫"巴哈马之星"号的游船晚它 40 分钟起航。船长卡尔·布朗站在船头，忽然发现前方有一片火光映照成橘色的天空。他立即命令全速前进，以便进一步调查情况。几乎与此同时，行驶在"雅茅斯城堡"号前面的芬兰船"芬帕尔普"号也发现了火光映照夜空，立即掉转船头赶了过来。

当"巴哈马之星"号和"芬帕尔普"号赶到失事地点时，"雅茅斯城堡"号的船长和几位船员已经爬上一只救生艇，划桨迅速离开了。二副乔斯·拉莫斯和乘客看见船长率先离去，十分气愤。乔斯·拉莫斯双手合成喇叭状高喊："船长，快回来救助你的船员！别忘了你这样做会受到严厉惩罚！"但是救生艇上的船长充耳不闻，头也不回地划走了。

划着小艇的船长和船员遇到了"芬帕尔普"号，船上的人们也要求他快回到自己的船上，帮助乘客们逃生。但船长却向"芬帕尔普"号上的人们解释说，自己是想通知海岸消防队，对方十分简单地回答说："我们已经通知了！"又催促他回到自己的船上。此时，"雅茅斯城堡"号已经深陷火海，滚滚黑烟笼罩着海面。

"巴哈马之星"号的船长布朗命令自己的船尽量靠近"雅茅斯城堡"号。此时，这艘失火游轮已开始迅速下沉了。由于靠得太近，"巴哈马之星"号的烟囱油漆都被火燎起了泡。布朗船长拿着手提话筒，对正在下沉的"雅茅斯城堡"号船舷铁杆边的乘客高声喊道："大家不要惊慌，我们的救生船正向你们划去，顺着缆绳爬到救生艇上，或者跳水，但注意别落到别人身上！"遇难的人们在布朗船长的指挥下安静了下来，救援工作也进行得更加顺利了。

直到 11 月 13 日早上 6 点钟，燃烧了 4 个小时的"雅茅斯城堡"号已经不见踪影。尽管"巴哈马之星"号船救起了大部分乘客，但是仍然有 88 人丧生。

这场事故与"诺罗尼克"号的沉没如出一辙。其根本原因还是在于安全设施极不完善，救生设备不合要求。然而，作为船长的泰勒，在大火面前竟然不顾其他人的生死，抛下船只和乘客临阵脱逃，这种犯罪行为令人嗤之以鼻。

"斯洛卡姆将军"号变火船

"斯洛卡姆将军"号是一艘载客明轮船，它是按照纽约尼盖尔巴盖尔·斯基姆鲍姆公司的要求，由造船厂特意制造的豪华游轮。它的主要用途就是运输乘客，前往长岛畅游。这艘船的登记吨位为 1248 吨，长 80 米，吃水深度达 2.6 米，功率为 1030 千瓦的摇臂式蒸汽发动机，能使船速达到 18 节。它共有 4 层甲板，能够承载 2500 名乘客。

1904 年夏天，纽约马丁·路德教会的一个德国团体，为庆祝他们侨居美国 17 周年，租赁了"斯洛卡姆将军"号前往长岛北岸风景如画的郊外游玩。就在大家满心欢喜地登上"斯洛卡姆将军"号时，一场不可避免的灾难已悄然来临。

1904 年 6 月 15 日，前往度假的人们携妻带子来到东利维尔河上的码头，准备登船，开始他们的旅行。上午 9 点 40 分，"斯洛卡姆将军"号离开码头，它转了一个弯后，沿着东利维尔河顺流而下，向长岛海峡方向驶去，退潮时的推力助长了轮船的航行速度。

就在"斯洛卡姆将军"号航行了 20 分钟后，船上突然着火了。最先发现着火的是一个小男孩。当他走过轮船后侧左舷的下层甲板时，忽然闻到了一股烟味，这烟味是从一间储物室钻出来的。小男孩赶忙跑到甲板上，把火情告诉了船员杰克。杰克一听，赶忙到储藏室查看。当他打开储藏室大门时，发现里面放着旧缆绳、装着油漆和机油的木

长岛的风光

桶。而另一个装着玻璃餐具的木桶里的稻草起火了。杰克为了灭火，随手从身边抓了什么东西扔了进去。然后他就跑去找人帮忙了。然而，杰克犯了一个致命的错误，他随手放进木桶灭火的东西，竟是厨房炉子用的碎煤。

杰克跑到指挥部，将着火的事情告诉了大副艾德瓦尔特·弗拉纳冈，但大副并没有立即采取措施，反而将此事告诉机长贝·克刻林。机长知晓后，召集了五六名船员和锅炉工，并打开了灭火泵，在甲板上展开了水龙带。当他打开阀门的时候，却发生了意外。水龙带因为老化，承受不了压力，一下子断成了几截。几分钟后，轮机手艾维列特·布莱顿拖来了另一根较细的橡皮水龙带。但他们却没法使用，因为这条水龙带接不上水泵的转换管接头。在这段时间内，木桶里的火苗已经点燃了机油和油漆，火焰迅速蔓延开来，储藏室的木门和墙板也燃烧了起来。

此时，"斯洛卡姆将军"号顺着退潮的水流逆风行驶，为使轮船不失去控制，船长命令急速行驶。当轮船航行到海峡附近时，航速已达到 19 节，更加快了火焰蔓延的速度。在三层甲板上休息的乘客，谁也没有想到船上已经失火，就连站在甲板上值班的船员和船长也不知道船上发生了火灾。

火情越发猛烈，这时大副艾德瓦尔特才将失火的消息报告了船长。此时，轮船已经驶入海峡，如果在此时停泊，"斯洛卡姆将军"号会直接被水流掀翻，甚至撞上坚硬的峭壁。无奈之下，烈火熊熊的"斯洛卡姆将军"号只好继续向前行驶。

当轮船行驶到"黑尔·戈特"海峡时，烈火已经蔓延到轮机舱的舱口，并吞没了船头两个下层甲板。船长万沙克冷静地分析了当前局势，命令将"斯洛卡姆将军"号行驶到附近唯一的浅滩——海岸对面的诺尔特·布莱特塞尔·阿列特岛，同时发出了求救信号。

火灾引发的海上灾难

"斯洛卡姆将军"号开始向救命岛驶去。这时候，功率强大的港口拖轮"弗兰克林·艾德松"号发现了它，并向它驶近。随后，救援队在它的明轮罩上系上一根缆绳，顺利救下了50名乘客。但是紧挨着"斯洛卡姆将军"号的拖轮也被点燃了，拖轮只好向岸边驶去，以便放下船上的乘客。

　　救火船、救援队纷纷从各地赶往出事地点，救援"斯洛卡姆将军"号，但此时这艘豪华轮船已经变成了一艘熊熊燃烧的火船！大部分乘客们都挤在最上层的甲板上，等待着救援人员的到来。但有些乘客，还没来得及逃出舱室，就被火舌吞没了。海面上还漂浮着一些被火烧焦的尸体。

　　10点20分左右，"斯洛卡姆将军"号终于驶达诺尔特·布莱特塞尔·阿列特岛。船长打算将船的右舷靠在浅滩上，却没有成功，船头顶在了石头上，水流使轮船改变了方向，结果船尾处在深水里。这让许多不会游泳、指望从船上跳到干地上的乘客，失去了唯一自救的机会。所有人都聚集在只有85米长的主甲板上。随着一声巨响，甲板突然断裂，大多数乘客都被船底的火龙吞噬了生命。

　　在"斯洛卡姆将军"号这场大火中丧生的人数是令人震惊的，就

在火灾发生的当天，人们便发现了 498 具尸体。遇难者的最后人数为 957 人。尽管后来有不少乘客被救援队送往了医院，但大部分人都因烧伤和受损严重，医治无效而死，所以遇难人数很快就达到了 1021 人。"斯洛卡姆将军"号起火后，船上的 1500 余人中有 180 人被严重烧伤，一点都没受伤的乘客只有 251 人。

"斯洛卡姆将军"号最后的这次航行，于 9 点 40 分钟开始到 10 点 20 分结束。无情的大火仅用了不到半个小时，就使这艘豪华轮船变成了破铜烂铁。尽管船长已经做了最大的努力，将"斯洛卡姆将军"号行驶到诺尔特·布莱特塞尔·阿列特岛自救，但轮船还是严重烧毁，造成了重大的人员伤亡。

"斯洛卡姆将军"号的惨剧根源就在于船务人员缺乏火灾知识，以及船员、大副和机长的不负责任。在火情刚刚发生的时候，身为大副的艾德瓦尔特，不仅没有及时组织灭火，甚至还不及时通知船长以及乘客，最终使这场火灾越发严重，铸成难以挽回的大错。这是 20 世纪最早发生的一起空前大海难。

大爆炸下的灾难事件

人类的远洋航海历史源远流长。自从航海与神秘的海洋频繁接触以来，海难就像一个令人生畏的幽灵一样，无时无刻不在缠绕、吞噬着无辜人们的生命。20 世纪以来战争频发，军火和弹药成为各个国家、地区壮大自己的重要条件，然而这些危险的易燃物，也为更多更大的海难事故埋下了隐患和祸根。

"格兰开普"号炸毁西基城

1949 年 4 月，美国得克萨斯州的西基港口一片祥和，海风徐徐，春意盎然。直到这一天，万吨巨轮"格兰开普"号在这里停泊靠岸后，原本宁静的码头，顿时热闹起来。接下来的几天里，船员们陆续在"格兰开普"号上装了 2300 余吨的硝酸铵。他们将 1400 吨的硝酸铵安置在二号货舱，其余 900 万吨则装在了四号货舱。另外，其他货舱还装有整箱的机器零件、花生和其他的农作物。当时"格兰开普"号的主机出现了故障，只好继续停靠在码头修理，暂停了出航任务。

4 月 16 日这天，一位木工在甲板上检修，当他来到四号货舱时，忽然闻到了一股焦煳味，发现装化肥的口袋着火了。这个无知的木工当即找来几个船员，大家一起抬来几桶水，试图浇灭燃烧的火苗。然而，火不仅没有被熄灭，反而更大了。几个船员又赶紧拿来了灭火器，但仍旧无效，火势迅速蔓延。

这时候，船长听到异动前来查看。见此情形，他赶紧制止了船员们的行为，大声喊道："别用水浇！那样会把货物毁掉的，大家上来，打开蒸汽。"这是轮船上的标准灭火方式，已有数十年的历史了。但不同以往的是，这批化肥的主要成分是硝酸铵，而硝铵又是炸药的主要成分。这也就意味着气温达到 350°F（即 176.67℃）时，硝铵就会被分解。大量蒸汽涌进货舱，很快气温就超过了 350°F，一场大爆炸已经无法避免了。

不消一会儿工夫，猛烈的火势就从货舱喷吐而出，滚滚黑烟弥漫在"格兰开普"号的上空。码头上数百名工作人员、装卸工人、过往行人并不知道这里即将要发生一场大爆炸，若无其事地站在码头上围观。一些摄影师甚至还特意挤到前面去拍照。

船长见火势蔓延迅速，已经无法控制，再加上船上装载大量易爆危险品，立即带领船员撤离到岸上，并命人前去通知消防队。西基城的消防局接到通知后，赶忙派遣消防队出动救援。很快，消防人员就抵达了失火现场。他们迅速接上高压水枪，向"格兰开普"号喷出强而有力的水柱。然而经过半个多小时的努力，消防工作的进展仍然微乎其微。

到了午后，一阵惊天动地的爆炸声在北美大陆上空久久回荡，"格兰开普"号瞬间化为乌有。船长连同32名船员被炸得血肉横飞，就连码头上围观的227人也无一幸免。

此次爆炸的威力超乎人们的想象，它的爆炸声传到了250千米以外，西基城所有的商户玻璃都被炸碎。"格兰开普"号的残片被炸上近4千米的高空，就连船上重达1吨的推进器也被炸飞到3千米以外的地方，插入地下1.6米深。

繁华的西基城港口

当时，西基城的上空正好有两架跳伞教练机在飞行，爆炸的强烈气浪一下子就将它们击个粉碎，机上4人落地丧命；数以千计的海鸥在这场爆炸中坠落大海；靠近"格兰开普"号的4辆消防车也无一幸免，被气浪掀过码头。

码头附近的海水在爆炸的一瞬时沸腾蒸发，显露出崎岖不平的海床。没过几分钟，海水又以排山倒海之势涌进海湾，一艘50米长的驳船，被几千米高的巨浪狠狠地摔落在离码头70米远的停车场上。在另一处，翻涌的巨浪冲毁了汽车站的600多辆汽车。

"格林开普"号大爆炸，给西基港带来了巨大的灾难。然而，这仅仅是西基城接下来发生一连串爆炸的前奏，真正毁灭性的灾难还在后头。

上午 9 点 12 分，"格林开普"号爆炸时的许多灼热的金属碎片，以及一捆捆燃烧着的白纱布飞向天空，继而落在城市的各个角落，随即升腾起一股股跳跃的火苗。不到 1 个小时的工夫便点燃了整座西基城。6 个炼油厂和化工厂的贮油库先后起火爆炸，大量石油喷涌而出，一接触到燃烧物便化作团团烈焰，贪婪无情地吞没厂房、仓库、街道……

西基城火灾的消息，旋风似的传到了附近的城市。数百辆消防车、救护车和众多救援人员纷纷赶来救助。最先到达的是距离西基城 11 千米处的加尔沃斯顿的救援队，接着 80 千米外休斯敦的救援船也相继赶来，投入到西基城的救援行动中。但是，他们的帮助也是无济于事，烈焰继续在蔓延，灾情仍然在扩大。在滚滚浓烟的街道上，警车和救护车在尸体和燃烧物之间继续移动，扩音喇叭里不断传出喊声，指示流离失所的西基城市民朝安全地带撤出。

在"格林开普"号爆炸前，码头附近还停泊着两艘美国货船。一艘是 6000 多吨的"汉弗莱"号，另一艘是 7000 多吨的"威尔逊·基尼"号。两船均装有硝酸铵，还有 2000 多吨硫磺等。在"格林开普"号爆炸之际，巨大的气浪掀翻了这两艘货船的货舱盖，炙热的金属片和燃烧物掉落舱内，又给这两艘船埋下了火种。

到了晚上，这两艘船的火情已经十分严重。尽管船员们奋力抢救，但终究没能控制住火情，船上正在燃烧的硫磺释放出有毒的二氧化硫气体，呛得人们难以忍受，消防员们不得不放弃灭火，撤离到港湾的对岸。

4 月 17 日凌晨 1 点 10 分，"汉弗莱"号再度发生了惊天动地的爆炸，刹间化为一堆碎片。与此同时，旁边的"威尔逊·基尼"号也沉没于大海之中。

这次突如其来的爆炸，进一步加剧了对城市的破坏。爆炸之际，许多建筑物顷刻倒塌，熊熊烈火再次焚烧全城，城市上空和附近的海面一片通红。这场大火一直烧了三天三夜，直到第四天黎明，罪恶之火才被扑灭。

晨光熹微，浓烟消散，火灾的余烬熄灭，西基城一半的街道都成了废墟，全城四分之三的化工业被毁，码头港口早已消失不见。

这两次强烈的爆炸，为西基城带来了严重的伤害，造成552人死亡，200多人失踪，3000余人受伤，1.5万人流离失所。"格林开普"号爆炸，成为国际航运史上一次重大事故，也给航运业留下了惨重的教训。

"依阿华"号舰爆炸疑点重重

在战争时期被敌方火力击中，引发的灾难是悲惨的，但在和平时代，因训练演习而引发的灾难也异常残酷。

1989年4月13日，美国引以为傲的战列舰"依阿华"号和航空母舰"珊瑚岛"号以及另外28艘军舰，来到距离波多黎各东北330海里的大西洋海域，同委内瑞拉、巴西等国家军舰一起参与"舰队3-89"海上的军事演习。

1938年5月，美军根据之前建造南达科他级战列舰对"依阿华"号进行了全面改进，大幅度提高主机功率，使其拥有当时输出功率最大的舰船动力装置，能够达到每小时33节的航速，它是历史上主机功率最大、航速最高的战列舰。

4月19日，"依阿华"号演习火炮射击。舰上有三座主炮塔，共有9门巨炮，将要逐次向23海里外的活动目标进行射击。每门主炮的口径为406毫米，是世界上最大口径的舰炮。一号主炮塔的3门巨炮率先开火，舰长站在舰桥上观察炮弹的飞行轨迹。

一号主炮塔射击后，准备对二号炮塔下达开火指令。当二号炮塔左炮和右炮准备好后，却不见中心炮的报告，军官立马拿起话筒询问

海/难

Shipwreck

状况，一位舰员惊慌失措地回答："我这里有问题，我还没准备好……"
话音刚落，就听见"轰"的一声，1枚巨型炮弹就在中心炮筒内爆炸了。
70多名舰员都被困在这四面铁壁之中，炮塔内全是大火和浓烟，毫无
退逃之路。

舰长立即下令灭火，如果大火把炮塔内的数千枚弹药一起引爆，
后果将不堪设想。

舰员们接到指示后，一面加紧灭火，一面抢救伤员。他们利用舰
上一切可以灭火的设备与炙热的火焰展开了殊死搏斗。经过2个小时
的苦战，二号炮塔的大火终于被扑灭了。这次爆炸使47人失去了生命，
1000余人被烈火烧伤。

事故发生后，"依阿华"号战列舰的神秘爆炸引起了各部门的
重视。"依阿华"号的三座主炮共9管，它的高度约有7层楼高，
炮塔呈圆柱形，塔壁厚43厘米。在第二次世界大战时，三号炮塔曾
受到日本战舰约13厘米口径炮弹的攻击，但塔内却平安无事。那此
次爆炸的原因又是什么呢？

海军局长当即任命海军少将米利根为调查小组组长，让他着手调
查事情原委。第二天，米利根少将带着调查组人员登上战舰巡查。在
调查时，他首先遇到的难题就是目击者已经全部死亡。另外，有重要
调查价值的残渣余灰也一并冲入海底，现场受到相当严重的毁坏。于
是，调查组只好分析、猜测它的爆炸原因。

五角大楼的一些官员认为，可能是炮弹发射后炮膛里的残留物引
起的爆炸、炮弹引信提前等，但最后都被否定。

不久，调查组的两名成员来到死者之一的哈特维希家中，在他的
卧室中检查遗物时发现重要的线索。哈特维希曾制作了一个剪贴簿，
上面记录世界各国海军的事故，且他的记录上还有一连串舰员同事的
名单。于是，调查便以他为中心展开。

雄伟的五角大楼

舰员史密斯提供了一个令人震惊的消息，哈特维希做了一个电子起爆的炸药管。果然，调查人员在他的衣柜里，发现了一个定时器。随即，调查组请来一些专家，做了一个模拟实验，爆炸残渣与舰上的一样。最终，调查组确认爆炸是哈特维希所为。9月7日，调查组公布了一份全文长达6页、物证284件，以及其他230件证明的报告。此次调查共历时4个月之久，进行了2万余次实验，消耗了400万美金。

但是，没过多久就有人对这一猜测提出质疑。哈佛大学精神病助教和自杀研究所主任雅各布斯指出，哈特维希案中没有任何自杀和人格分裂的迹象。心理学家埃伯特也认为，证明哈特维希爆炸的证据不足。因为在发生爆炸的几天前，哈特维希还曾给女友写信，信中充满了对生活的赞美。

幸存的一些舰员也对此事感到迷惑不解，他们根本不相信哈特维希能在众目睽睽之下，将引爆炸药放入炮膛中。他们认为是操作杆失灵引起的爆炸，并说之所以将事故推到一个死去士兵的身上，是为了掩盖战舰本身的失误，挽救海军的声誉。这一观点得到了一些国会议员、权威人士和各类专家的认同。

过了一段时间，五角大楼又公布了新的调查结果，否定了舰员自杀的说法。他们说，当时"依阿华"号战舰按照海军水面中心海上系统司令部的要求，要进行新发射药的射击试验。因为当时美国战列舰上的 406 毫米大炮弹还是老型号，已经不适应现代化战争的需要。为了提高火炮的射程和射击精度，他们对炮弹的引信、发射药都进行了改进。调查报告中还说，在试验新的发射弹药时，有不少舰员都曾表示担忧，认为战列舰上人员密集，并不适合进行这样的试验。但有关当局并没有听从劝告，一意孤行。

调查表明，二号炮塔内存放有 5 袋高能发射药，有人证实爆炸前406 毫米大炮的炮膛里，确实装置了这种发射药。调查组的结论是：军舰自身的武器发射系统存在着严重问题，并非任务所致。

事故后，"依阿华"号受损的舰炮并未再进行修复，1990 年 8 月爆发的海湾战争，"依阿华"号也没有参加。1990 年 10 月 26 日，这艘身经百战的战列舰接到退役通知，在弗吉尼亚州诺福克军港举行了退役仪式并降旗。由于"依阿华"号设备老化，不再适合现代战争的需求，于是美国海军部长在 2012 年将"依阿华"号改建为浮动博物馆，停泊在洛杉矶圣佩德罗并对公众开放。这座浮动博物馆也是美国本土西海岸首座浮动博物馆。

"勃朗峰"号爆炸波及四邻

第一次世界大战期间，远离欧洲战乱的加拿大也莫名其妙地受到了爆炸的伤害。不同以往的是，此次事故起源是因一艘"伊莫"号客船与"勃朗峰"号货船意外相撞引发的爆炸。"伊莫"号船隶属挪威，当时被比利时政府租用。

1917年12月6日，"伊莫"号驶往欧洲，满载着游客在加拿大海域上行驶。上午8点40分，海面风平浪静，"伊莫"号一如往常地匀速驶入哈利法克斯和贝尔福德之间的海峡。这时候，迎面有艘船开来。这是从纽约开来的"勃朗峰"号货船，上面装运着数千吨运往欧洲战场的烈性爆炸物：它的后舱装有3000余吨的TNT炸药，前舱装着易燃性化学制品，中舱还装着数十桶汽油。这是一枚航行中的"巨型炸弹"。两艘船从相反的方向慢慢靠近，双方都开始鸣笛示意。

两船相遇，在航行中原本是件很正常的事情。奇怪的是，"伊莫"号莫名其妙地偏离了自己的航线，朝着"勃朗峰"号航线行驶过来。这时，"勃朗峰"号船上的水手发现情况不妙，赶忙回报给船长。"勃朗峰"号船长一听，立即下令偏转航线，避让"伊莫"号船，但为时已晚。"伊莫"号凭着惯性，像一头笨拙的大象"吱吱呀呀"地撞了过来，它的船头竟把"勃朗峰"号的右舷撕开了一个大口子。很快，汽油就从倒下来的油桶中溢出，流进装有化学制品和火捻的船舱，顿时烈火熊熊。

"勃朗峰"号船长见火势猛烈，已无扑灭的可能，立即下令弃船，率领水手们爬上救生筏，疯狂地向岸边划去。靠岸后，水手们手抱着头，一路号叫着钻进了附近的森林。此时海面上"勃朗峰"号已是烈火熊熊，滚滚浓烟弥漫四周，这场惨绝人寰的大爆炸即将来临。这是加拿大历史上最严重的一次爆炸。

只是十几分钟，"勃朗峰"号就成了一艘冒着浓烟、温度炙热的"火船"，随着一声惊天动地的巨大声响，"勃朗峰"号爆炸了。船上3000余吨的炸药和易爆品一起爆炸，恐怖的爆炸声甚至都传到了96千米外的特鲁罗城。海港城市哈利法克斯的一半几乎被夷为平地，房屋、工厂、人、牲畜在剧烈的震动中，被气浪抛向天空。

"伊莫"号在与其相撞后，就被冲到了对面的达特茅斯海岸，在爆炸的强大冲击波的作用下，它被高高抛向空中，接着又狠狠砸入深海。船上的不少货物和乘客被一齐抛向 3000 米外的高空，随后又纷纷落地。

"勃朗峰"号爆炸时，海峡两岸的里士满和达特来斯有 500 多名学生正在教室上课。强大的冲击波，撼动大地和高楼，学校顷刻坍塌，无情地掳去了他们的生命，只有 10 个人幸运地活了下来。

在里士满有一座古老而华丽的皇后饭店，人们正在大厅享用午茶小憩，爆炸的剧烈震动把他们从椅子上掀到半空。饭店里的一些职员声嘶力竭地大叫："德国飞船！德国飞船！"几个月以来，他们一直担心德国有可能会横渡大西洋进行空袭。然而，谁也没有想到等来的是一场莫名的灾难。

海港城市哈利法克斯

整个哈利法克斯像被轰炸过一样，许多房屋都变成了瓦砾堆；市民有的被生生埋在了瓦砾之中，失去了生命，有的被炸得血肉横飞，城市里的历史古迹也顷刻间化为乌有。用花岗石建成的气势雄伟的多来尼大厦连同它那价值连城的印第安艺术宝藏一起在爆炸声中化成灰烬，随风而去。有百余年历史的省府大楼，雕梁画壁的大戏院，庄严肃穆的古老教堂等一幢幢精美而古典的建筑，顷刻间都成为了断壁残垣，毁坏殆尽。

爆炸之后，海峡两岸引起了熊熊烈火，昔日和煦的海风此时也变得凶残起来。熊熊的烈火贪婪而无情地吞噬了两岸葱郁的山林，哈利法克斯只能为人鱼肉，滚滚的黑烟翻腾在城市的上空，在 60 千米以外的地方都能看得见。

这场突如其来的大爆炸使 1600 人死亡，成千上万的人流离失所，无家可归。哈利法克斯的其他几个未遭殃的饭店和旅店，纷纷打开大门，为横空遭难的无辜市民提供免费的食物和住所，几家药店也都来帮助近万名受伤的难民。在这个不眠之夜，哈利法克斯的市民团结起来，拧成一股有力而强大的绳索，救济无辜遭难的同胞。人们的友爱拂去了难民心中的绝望和悲痛，为他们点燃了重建家园的希望之火。

事故后，"伊莫"号也被救援队打捞出来并进行了修理。这艘船在经历过这次事件后，改名为"古瓦诺"号，而这次爆炸也成为无法忘却的历史。

这次惨绝人寰的海难说明运送军火的船舶与其他客船、货船大不一样，它犹如一枚行驶在海洋上的巨型炸弹，应加倍小心航行，绝不可出一点差错，否则就会造成像"勃朗峰"号一样的悲剧。更可怕的是它殃及池鱼，使上万无辜的生灵遭受摧残。

"长尾鲨"号爆炸沉没深海

1960 年 7 月，一艘名为"长尾鲨"号的新型核潜艇，经过两年的精心打造终于竣工，并在次年 8 月服役。"长尾鲨"号全长 84.9 米，宽 9.65 米，吃水为 7.9 米，水面轻载排水量达到 3526 吨，正常排水量为 3750 吨，水下排水量为 4310 吨，可携带 2 万吨 TNT 当量的核弹头，并在水下攻击海上目标。可以说，它集美国当时的先进技术于一身，性能十分优越，曾被誉为"万无一失"的战舰。然而，在 1963 年 4 月 10 日，"长尾鲨"号在美国东部海域进行潜水试验时，竟神秘地沉入 2300 米深的海底，携去了艇上 129 名船员的生命。这是历史上第一次核潜艇海难事件，也是核潜艇史上最严重的悲剧。

1963 年 4 月 9 日上午 7 点 15 分，"长尾鲨"号核潜艇从美国新罕布什尔州的朴次茅斯港起航，一路乘风破浪，经过皮斯卡达河河口驶向公海，开始它的试航之旅。此次试航的目的是检查大修质量，测定新设备效应。当时，共有 129 人参与此次试航，其中有 12 名军官，96 名水兵，1 名潜艇兵力部的参谋官，3 名船厂军代表，3 名承包商代表，以及 14 名技师、专家。

这次试航的主要项目是深潜至 300 米以下水层检验装备效应。按照美国海军条例规定，任何核潜艇在试航时，都要有一艘航速接近，自卫力强，水下勘测、通信设备好的水面舰艇护航。被选派为"长尾鲨"号护航的是一艘潜艇救援船"云雀"号。"云雀"号上设有一座大型潜水救生钟，能在水深 200 米的海域救援失事的核潜艇。

4 月 10 日清晨，"云雀"号与"长尾鲨"号在指定的科德角以东 200 海里的海域会合。6 点 35 分，会合后的两舰第一次沟通联络。"云雀"号舰长坦利·克赫上尉和"长尾鲨"舰长韦斯利·哈维中校交换了彼此的情况，并送给对方真挚的祝愿。

1 小时后，"长尾鲨"号驶离"云雀"号 10 海里并完成了向大海深潜的准备。

　　"准备下潜！"舰长一声令下，全体舰员各就各位，"潜入水下 20 米！"海水迅速灌入潜艇的压载舱，随着发动机的急剧转动，潜艇渐渐下潜。

　　7 点 47 分，哈维舰长下令："潜到水下 130 米，下潜角 5°。"此时，"云雀"号也收到"长尾鲨"号开始深潜的消息。"'云雀'号，我现在水下 130 米进行水密检查，一切正常。"这次哈维舰长的通话在"云雀"号的报务员马丁听来，感到模糊不清。熟悉"长尾鲨"号的人都知道，它的压载舱从未在 130 米的深处做过试验。由于它的压载舱容积较小，能否适应深航，让人感到担忧。报务员马丁听到模糊、微弱的信号时，忽然有种不祥的预感。

在水下航行的潜艇

　　8 点 10 分，"长尾鲨"号发来报告，告知"云雀"号自己此时已潜到 198 米处，并以每小时 10 海里的速度继续在水下行驶。

　　8 点 35 分，"长尾鲨"号距离试验深度还差 91 米。

　　8 点 53 分，"长尾鲨"号报告：它正在向试验深度接近。随着"长尾鲨"号下潜深度的增加，"云雀"号收到的信号就越发模糊，此刻已到了难以分辨的程度了。

　　9 点 12 分，两舰人员按照预先的约定，进行了一次例行性的通信检查。这时，"长尾鲨"号已接近它预订的试验深度。"潜水成功"的电文已经拟好，再过几分钟就可发出……

突然，机舱里爆发出一声剧烈的声响。"不好！"艇长哈维闻声后，迅速冲到机舱，只见一股海水从艇外破壁而入，通往核反应堆的一些电线已经浸入水中，情况非常严重。

"艇长，要把漏洞堵上，先把反应堆关掉。"轮机长的建议，立刻得到了艇长的认同。随后，"长尾鲨"号的螺旋桨停止了转动，航速顿减，堵漏排水还在进行。

9点13分，"云雀"号收到潜艇最后一份断断续续的信号："……遇到小问题……准备排水上升……"接着，听到核潜艇舱内咝咝的响声，"云雀"号的舰员以为那是压载舱压缩空气的声音。

4分钟后，"云雀"号突然听到水下一声闷响，随后就是一片寂静。这声音如同20世纪40年代大西洋反潜战中命中目标时，水下传出的爆裂声。"云雀"号舰长顿时醒悟，"长尾鲨"号爆炸，人艇俱亡了。

随即，"云雀"号开始搜寻"长尾鲨"号的踪迹，却一无所获。直到10点58分，"云雀"号舰长坦利下达浮艇的命令，并向新伦敦的核潜艇舰队司令部报告了这起意外事故。当天下午，美国政府任命了一个调查失事原因的委员会。当时的美国总统约翰·肯尼迪亲自查询事故经过和补救措施。

第二天一早，美海军当局便发出深潜器"曲斯特"号参加搜索。直到8月24日，"曲斯特"号第8次潜到深海作业时，终于在距海面2560米的海底处打捞出一块1.42米长的碎钢片，上面刻有"593"的字样——这正是"长尾鲨"号核潜艇的艇舷编号。除此之外，很难找到较为完整的壳体或设备。在收集大量金属片和碎物时，搜救人员在杂物中发现了一只黄颜色的橡胶套鞋。这种套鞋只有在核潜艇的反应堆隔舱工作时才会使用，而且通常都会把它整理到一个箱子里，因此它不会无故自己跑到深海里去。搜救人员还发现，一只鞋套上印有SSN5的字样，正是"长尾鲨"号艇员使用的鞋套。最终搜救队确认，"长

大爆炸下的灾难事件

尾鲨"号核潜艇发生爆炸，连同艇上的 129 人一起深眠在 2560 米的海底。

海军方面认为，"长尾鲨"号之所以会发生爆炸是因为海水系统的某个局部出了毛病，导致潜艇周围的海水在巨大压力作用下涌入舱室，使输电网络失效且导致潜艇失去动力，最终造成"长尾鲨"号沉没深海。专家们经过对沉入海底的碎片残骸的反复分析，最后认定，是潜艇在水中航行时，遭遇了强烈的内波，使其无法承受压力而发生爆炸，最终沉没海底。

"卡斯基依·别尔维尔"号大爆炸

1983 年 7 月底，西班牙造船厂制造的一艘载重为 27 万吨的"卡斯基依·别尔维尔"号大油轮，满载着原油从波斯湾起航，绕过好望角，向欧洲驶去。8 月 5 日下午，油轮驶入大西洋不久，就遭遇了恶劣天气的袭击。几经波折，"卡斯基依·别尔维尔"号才安全地通过了开普敦市。可是，就在当天下午 1 点半，油轮底部突然起火，接着一场不可避免的爆炸也随之而来。霎时间，引燃的原油从破裂的船舱中溢出，浓烟滚滚，火光冲天。溢出的原油沿着左舷向船首和尾部蔓延。一会儿工夫，"卡斯基依·别尔维尔"号就变成一艘熊熊燃烧的火船，而周围也是一片令人生畏的火海。

下午 1 点 48 分，船长冒着生命危险发出了求救信号。开普敦市政府接到信号后，立即派出 5 艘救生拖船前去救援。当时油轮距离开普敦市有 70 海里，几艘离出事地点不远的货船和渔船也赶来救援。油轮上的大火越发猛烈，船员们迫于无奈，只好挤在船的两头。

下午 2 点 20 分，火势越发严重，油轮周围几乎都被烈火和浓烟笼罩。船长当即下令，率领全体人员弃船撤离。3 个小时后，第一艘拖网渔船赶到了出事地点，将船长、2名妇女和其他23名人员救上船。紧随其后的是一艘集装箱货船和一架直升机，它们各救起一名船员。

不久后，5艘救生船也赶到了现场，但由于海上风浪太大，烈火熊熊，使救生船无法靠近油轮，系不上缆绳。强烈的西北风把浮油和船体慢慢吹向陆地，一场惨绝人寰的灾难已无法避免了。

为了防止火势蔓延到海岸上，两艘救生船停泊在岸边待命。另外三艘救生船则展开灭火工作。尽管救援队已拼尽全力，但任何灭火器在这场火海当中都无济于事。

然而更糟糕的事情发生了。8月6日上午10点，海面上忽然狂风

公海自由航行的油轮

四起，风助火势，火借风力，一个大浪翻腾而起，随着一声"轰隆"巨响，油轮从中间断成了两截，更多的原油汹涌流出，火势也愈发猛烈。断裂的船体漂浮在海面上，随时都有再度爆炸的可能。

　　一夜之后，断裂的油轮和浮油距离海岸只有 25 海里了。就在 8 月 7 日凌晨 4 点 36 分，船的一截又发生了一连串爆炸，并很快沉没大海。此时，爆炸的船体的船舱里至少还有 10 万吨原油。在船体沉没后，一部分原油开始从 400 多米深的海底缓慢地向海面漂浮。不过幸运的是，此时西北风逐渐平息，取而代之的是轻微的南风。在东南风和海流的作用下，浮油开始向西北飘去，逐渐漂离了海岸。

　　船的另一截还在海面上浮动，并开始缓缓下沉。船体在原油的作用下直立在海面，露出海面大约有 20 米高。船舱里的原油还在不断溢出，流入大海中。到了午后，天气渐渐晴朗。拖船在直升机的协助下，用缆绳绑住了船体，并在它身上挂上一根锚链，使它停留在原地。下午 4 点 50 分，拖船开始缓缓将断裂的油船拖向海外。

　　救援队经过几天的艰苦奋斗，终于在 8 月 12 日之前将船体拖离了海岸，在 100 海里外的地方将其沉入了 2000 米深的海底。正当人们以为避免了一场更大的灾难，却不知灾难已经悄然而至。事实上，装有 10 万吨原油油轮的一截还沉没在距离海岸 25 海里的地方，这也意味着，那里埋下了一颗随时都有可能爆炸的炸弹，时刻威胁着海岸上人们的生命。而且，船舱内的原油还在不断流出，漂浮在海面上的原油就像一条乌黑的河流，污染着湛蓝的海洋，毒害着海洋生物。

　　自从"卡斯基依·别尔维尔"号爆炸以后，就有大量的黑色烟雾被吹到陆地上，整个沿海地区如同下了一场"黑雨"，农田和牧场都被烟油覆盖，纵深达到百米以上，可见其对人类及生态环境影响的恶劣。

船舶爆炸波及孟买城

孟买是印度最大的海港和第二大工商业城市，位于印度半岛西岸中部，濒临阿拉伯海。14 世纪以前，这里是土著科利人居住的小渔村。直到 1534 年，一位穆斯林教徒将其转让给了葡萄牙殖民者。当时英国也对它颇为垂涎，想从葡萄牙人手中买下它建港，但遭到了葡萄牙人的拒绝。1661 年，英王查尔斯迎娶葡萄牙凯瑟琳公主时，葡萄牙便顺水推舟，将孟买作为嫁妆相赠。此后，孟买便成为英国殖民者统治印度的重要港口。不过，谁也不曾想到这个港口会在后来发生一场震惊全球的船只爆炸事件，而这场火灾竟然摧毁了半个孟买城。

1944 年，是孟买城最黑暗的一年。2 月 14 日，商船"斯坦金堡垒"号满载着货物，离开了英国西部的伯肯里德港口，顺利避开德国潜艇的攻击，在 3 月 30 日抵达印度西北部的重要港口——卡拉奇（今属巴基斯坦）。它在那里卸下了几架飞机和一批弹药，又装上了 8700 包棉花、橡胶和硫黄等货物，启程向孟买驶去。

4 月 12 日，"斯坦金堡垒"号有惊无险地到达了孟买，停泊在维克多利亚船坞的一号码头。由于船上装载大量易燃易爆的危险货物，船长布兰克赶忙带着海军部绝密文件前往港务局，请求港务局主任尽快组织人员卸载货物。尽管港务局主任已经答应优先给"斯坦金堡垒"号卸载物品，但由于码头工作繁多，直到第三天才有一队码头工人上船作业。

工人们来到"斯坦金堡垒"号甲板上，开始从 2 号舱卸下 TNT（三硝基甲苯的简称）、军火和放在易爆物下面的棉花。到下午 2 点，2 号舱还有不少 TNT 和军火没来得及搬运，4 号舱内的大量弹药就更别提了。

繁华的孟买港口

下午 2 点 46 分，一个搬运工人突然看见缕缕青烟从棉花包的缝隙冒了出来，又闻到一股刺鼻的焦煳味，他慌张地向工头跑去，大喊着："2 号舱着火啦！2 号舱着火啦！"布兰克船长得知消息后，立即命令船员们前去救火，值班的船长助理飞速跑上码头，向电话亭冲去，给消防队打电话。

7 分钟后，消防队总负责人沙恩德列尔斯上校带领一支队伍和 2

辆消防车响着刺耳的警笛，风驰电掣般地驶达了一号码头。上校看到火情不大，认为事态并不严重，于是命令消防员喷水灭火。消防队员拉着水龙皮带跃上甲板，两支高压水枪向 2 号舱冒烟处齐喷出两股强有力的水柱，然而烟却继续从船舱里冒出。20 分钟过去了，火势不但没有得到控制，反而愈演愈烈，青烟变成了浓烟！半个小时过去了，浓烟中突然蹿出了火苗！船长布兰克焦急万分，他急忙找上校商量，上校也感到奇怪，火苗究竟是从哪儿蹿出来的？他又调来了 8 辆消防车，16 支高压水枪一齐向货舱喷出股股水柱。

然而，舱内烈火熊熊，2 号舱的左舷钢板已经出现樱桃般的红色斑点，滚滚浓烟笼罩着卡拉奇码头。搬运联合会负责人提议用火焰切割机在左舷处割一个洞，再注水进去灭火。但切割机因年久不用已失灵，又找不到人来修理，大家束手无策。黑色的浓烟大股大股地从 2 号舱里冒出，火势越发猛烈。布兰克船长心急如焚，他赶忙对上校说："情况危急，我们如果不能及时灭掉大火，这里会发生爆炸的！你如果不能灭掉大火，就立即把船沉下去，避免这场灾难！"上校犹豫不决，如果把船沉没，造成的损失谁来承担呢？于是他决心继续灭火。

水火无情。尽管消防队员们全力以赴，但火势仍然越来越大。下午 3 点 45 分，翻腾的热浪扑向救火的人们。人们被烤得难以在甲板上立足，只好纷纷下船，船长也下达了弃船命令。

2 号舱的船壳钢板已被烧得殷红，船舷外的海水像开了锅似的奔腾着热气，并发出咝咝的响声，黑滚滚的浓烟升向空中，场面十分恐怖。面对这种情况，人们深知"斯坦金堡垒"号的爆炸已经迫在眉睫。

港口钟楼上的大钟指着 4 点 06 分。

一声巨响，"斯坦金堡垒"号爆炸了！

大爆炸下的灾难事件

大地发生剧烈震动，码头前沿水域发生了局部的海啸，海水迅速向港外倒退，裸露出大片黝黑的海床，紧接着，数十米高的热浪奔腾着扑回码头。爆炸产生的强大气流，冲击着整个码头，气浪将船体残骸、蒸汽机碎片、货箱、棉花包、金钿以及无辜的人们一起抛向了300米高的空中，随后又散落码头四处。船上重达3吨的大铁锚被抛出1千米远，一下子击中了当时航行的汽艇，使15名乘客死于非命；巨大的蒸汽锅炉则被抛到百米外的大街，并砸中一辆行驶的公共汽车，车上的乘客无一幸免。18辆消防车也被送上了天空，所有消防员都当场丧命。令人奇怪的是，船的尾部竟十分完整地沉没水中，而4号舱里还有800吨炸药！

过27分钟后，"斯坦金堡垒"号发生了第二次爆炸！它比第一次更加猛烈，船尾和船上的大炮一下子被抛向几十米的高空，落到几百米外的公路上。停靠在那里的一艘英国货船"特萨拉巴特"号，被爆炸的气浪掀到码头仓库的顶上，库房顷刻塌毁。另一艘停泊在它前面的货船，被爆炸的气流冲到了防波堤的出入口，瞬间颠覆沉没。

最恐怖的事情发生了，城市也燃起了熊熊烈火。在海风的吹拂下，火焰迅速从码头蔓延到市区北部，炙热的火焰无情地吞噬了大半个孟买城。到了傍晚，离城上百千米外的城市，都能看到孟买城的熊熊火光，听到陆续传来的爆炸声。

为了拯救孟买，人们在码头与城市之间立即清理出了一条500米宽的空旷区。在这紧要关头，上千名陆军、海军和许多水手自发组织了这一行动。人们夜以继日地抢运，剩下的1500吨炸药终于离开了着火的舱室。直到5月1日，"斯坦金堡垒"号点燃的罪恶之火才被全部扑灭，孟买城终于得救了，没有在大火中全部毁灭。

Part 7

碰撞造成海上大悲剧

　　每年世界上发生的船难都不在少数，许多船只就此沉没在深海之中。其中，最常见的船难便是两船碰撞。即使是性能优良的船、有丰富航海经验的船员，也难以避免碰撞事故的发生，甚至连制造精良的舰艇、核潜艇也会因撞击而导致另一船舶的沉没。悲剧一旦发生，死神就会牢牢抓住机会，肆意施展它的残忍。

泰晤士河碰撞悲剧

1878年9月3日，泰晤士河左岸，伦敦桥阴影处的"天鹅"码头人群熙攘，热闹非凡。在乐队的演奏下，装饰着各种旗子的"阿丽莎公主"号游轮开始迎接乘客上船。"阿丽莎公主"号是一艘铁制明轮船，它是伦敦斯基巴姆德合伙公司船队中最好的轮船之一。它与其他轮船最大的区别是其船体造型十分优雅美观。傍晚时分，船上装饰的彩灯亮起，远远望去犹如公主的王冠，因此它也成为最受伦敦市民喜爱的一艘观光船。

乘坐"阿丽莎公主"号游轮的乘客身份十分贵重，他们穿着优雅的礼服，期待着此次航行之旅。夫人们都穿着长长的、裙摆用细骨架撑起来的连衣裙，头上戴着插有精致装饰的帽子；先生们都身穿长礼服和燕尾服，头上戴着一顶大礼帽或圆礼帽，看起来十分尊贵。

上午10点半，"阿丽莎公主"号鸣响了汽笛，它在海面上转了个弯，随后便驶离了码头，以11节的航速向泰晤士河的下游驶去。

"阿丽莎公主"号游船一路乘风破浪，午后便抵达了什尔耐萨码头，并在这里靠岸。随后游客们便在这个风景如画的地方开始野餐和游玩。3个小时后，他们拖着疲惫的身体回到了"阿丽莎公主"号上。乘客们虽然觉得疲累，但对这次度假感到非常满意。随后，"阿丽莎公主"号再次鸣响了汽笛，开始他们的返航之旅。傍晚的天气十分清爽，四周一片寂静。"阿丽莎公主"号避开退潮时急湍的水流，沿着泰晤士河右岸的特里普克刻海角驶去。

与此同时，一艘名为"巴乌艾尔·卡斯尔"号的运煤船，正在沿着泰晤士河向下游行驶。

到了晚上7点35分，"阿丽莎公主"号的船长发现了迎面驶来的一艘运煤船的航行灯，同样"巴乌艾尔·卡斯尔"号上的船员也发现了从特里普克刻海角驶出的"阿丽莎公主"号上的红色警示灯。泰晤士河有3海里宽，因此两艘轮船都清楚地看到了对面的船只。当时，英格兰还没有对海船和河船在河道中错船做统一规定，因此船只可以根据当时的情况，从轮船的任意一侧错船。

泰晤士河的美丽景色

当时，"巴乌艾尔·卡斯尔"号上的船员基科斯看见"阿丽莎公主"号从特里普克刻海角驶出，并且正在逆流而行，他认为这艘船拐向泰晤士河的左岸，因为他觉得那里的水流较为平缓。于是，他打算将船行驶到泰晤士河的右岸。这样一来，他就可以从船舷的左侧穿过，顺利完成错船。然而，驾驶"阿丽莎公主"号的船长格林斯潘却有另一番打算。船长想着，让自己的船向泰晤士河右岸靠拢，这样就不用切断对面轮船的路线，而自己也可以从来船的右侧完成错船。

当"阿丽莎公主"号驶出海角时，湍急的河流一下子就把它冲到了泰晤士河的急湍处。"巴乌艾尔·卡斯尔"号上所有的船员都看到"阿丽莎公主"号右舷上的绿灯亮了。可不知为什么，船员基科斯却有一些犹豫，没有调转左舵。随着"嘭"的一声巨响，"阿丽莎公主"号的右舷受到了严重的撞击。原本能够避免两船相撞的危险局面，却因"巴乌艾尔·卡斯尔"号船员调转了右舵，导致两船发生了猛烈的相撞。

就在撞船的几秒前，两艘船上只听得见吆喝声、咒骂声、尖叫声和责备对方的喊话声和诅咒声。可就在两船相撞后，"巴乌艾尔·卡斯尔"号运煤船的船头曾在"阿丽莎公主"号的右舷停留了一会儿，这时候，"阿丽莎公主"号还没有下沉。但是运煤船的船长托马·哈利却犯了一个不可挽救的错误。他见情势不妙，立即向舵手下令："全速倒船！"当运煤船的船头从那个大洞中抽出来后，河水便滔滔不绝地涌了进去。

一场惨痛的悲剧，仅用了4分钟便结束了。"巴乌艾尔·卡斯尔"号运煤船刚一后退，几乎被运煤船船头戳成两截的"阿丽莎公主"号船体一下子断裂成两截，迅速沉入了泰晤士河河底。船上的乘客们也在瞬间纷纷落入水中。

"巴乌艾尔·卡斯尔"号见情况危急，赶忙行驶到乘客溺水的地方，抛锚后，马上放下了救生艇，同时船员们还将船舷上绑着的缆绳抛到了水中。尽管船员们费尽了心力，但却只救起了少数乘客。因为退潮时的急流把那些落水者都冲到河下游去了。

这艘运煤船的船员从河水里只救起了63人。幸运的是，在两船相撞后的10分钟，跟"阿丽莎公主"号同属一家公司的观光船"杰克公爵"号便驶达了出事地点，并救起100多名落水乘客。

当天夜里，搜救队便开始进行寻找遇难者尸体的工作。搜寻工作整整持续了一周，人们从泰晤士河不同的地方共打捞出630具尸体，其中有"阿丽莎公主"号14名船员中的8人。5天之后人们在伍尔维奇附近打捞出了船长格林斯潘的尸体。谁也说不清此次事故究竟掠夺了多少人的生命，不少豆蔻年华的孩子和强壮有力的青年就在这场灾难中离开了人世。这场碰撞灾难，给数百个家庭带来了巨大的悲痛，那些亲人无法辨认的尸体，都被埋在了伦敦附近的阵亡将士公墓。

"爱尔兰皇后"号的厄运

"爱尔兰皇后"号是一艘隶属于加拿大太平洋轮船公司的大型客轮。它主要在英国利物浦和加拿大之间的航道上运行。1914 年 5 月 28 日，焕然一新的"爱尔兰皇后"号徐徐离开加拿大魁北克码头，沿着圣劳伦斯河顺流而下，向利物浦驶去。

傍晚时分，船上灯火通明。舞厅和歌厅都挤满了客人。拥有多年航海经验且待人宽厚的肯德尔船长和引水员一起站在驾驶台里，密切地注视着前方。此刻，"爱尔兰皇后"号已经驶过了沿海的小城穆斯基，很快就要入海了。

几年来，肯德尔船长已经在这片海域进进出出几百次，对这里的情况相当熟悉。虽然这里是宽达几十千米的海域，但浅滩密布，水流湍急且来往船只较多，因此绝不可以掉以轻心。此时，引水员也在专心致志地观察着海面上的情况，这让肯德尔船长放心了不少。

29 日凌晨 2 点钟，引水员离开了"爱尔兰皇后"号，乘小艇回到了码头。没过多久，圣劳伦斯河上泛起一层薄雾。驾驶台里也非常昏暗，只有罗盘的灯光在寂夜中隐隐闪烁。肯德尔船长笔挺地站在舵手身旁，两只浅灰色的眼睛凝视着前方，他的目光谨慎且沉静，鹰钩鼻下一张线条分明的嘴唇微微颤动。"报告船长，前方有灯光！"眺望船员报告说。肯德尔船长拿起望远镜，仔细地观察着海面来往船只的方位和航向。原来，迎面驶来一艘闪烁着绿灯的船，不过对方显然是沿着安全水道溯水而上，两船并无相撞的可能。船长松了一口气，一边叮嘱船员要加强警戒，一边下令减速航行。

此时，雾愈来愈浓，站在驾驶台上连前面的甲板也看不见了，对方来船的灯光逐渐隐没在这浓浓的海雾之中。按理说，两船应该越来越近，可前方怎么也不见有船只的身影。于是，肯德尔船长下令鸣笛示意，又让瞭望员加强瞭望。就在这时，一个黑色的庞然大物像幽灵似的从"爱尔兰皇后"号的右舷猛扑过来。

"快转左舵！"肯德尔船长大叫一声，随即又补了一句："全速撤退！"然而，为时已晚，一艘运煤船已经朝着"爱尔兰皇后"号拦腰狠狠撞了上来。"爱尔兰皇后"号的船员弗格森像弹簧似的一下子从床上蹦了起来，穿着睡衣就向电报房跑去。他一进电报房，透过舷窗的窗户，就看到了一艘运煤船的船首紧紧地靠着"爱尔兰皇后"号。弗格森心下一惊，猜测可能是撞船了。于是赶忙跑到操作室向值班的班福德询问情况。

一切正如弗格森想的那样，两船发生了碰撞。班福德赶忙离开了，去向船长汇报情况。随后，弗格森再次透过窗子查看情况，不禁大吃一惊：运煤船的船首深深地嵌入了"爱尔兰皇后"号的右舷腹部，而现在更可怕的是，运煤船正在向后撤出。

海水正以惊人的速度，从"爱尔兰皇后"号的那个巨大窟窿中疯狂涌进。没过几秒，"爱尔兰皇后"号就发生了剧烈的颤抖，随后就开始倾斜。弗格森决定不等船长下命令了，他果断地和距离他们最近的法瑟角取得了联系。当时，那里有一个职位较低的报务员正在值班。弗格森请他找来一位高级报务员，并向他报告了"爱尔兰皇后"号的情况，并请他随时准备接收遇难信号。

不一会儿，班福德和大副匆忙赶来了，他们传达了船长的命令，马上发出求救信号，接着又补充了一句："我们的船正在下沉。"弗格森立即向法瑟角以及其他附近海域发出"SOS"遇难信号。但是，他只收到了法瑟角的回应，并询问"爱尔兰皇后"号的具体位置。弗格森告诉他船在穆斯基下游 20 海里处。对方要他再重复一遍，正当他再次报告船的位置时，突然停电了，船上一片漆黑，乱作一团，恐怖笼罩着"爱尔兰皇后"号，一场灾难已经迫在眉睫了。

8 分钟过去了，"爱尔兰皇后"号的机舱已经灌满了海水，锅炉和发电机都停止了运作。弗格森忽然想到船上还有一台不需要用电的磁性探测接收机。于是，他赶紧在黑暗中搜索起来。几分钟后，他终于收到了法瑟角的回复，说已经有两艘救援船赶来了，预计 1 个小时后到达。弗格森赶紧将这个消息告诉了班德福并让他把消息告知给船

瞭望台

长，自己则继续留在这里接受应急装备的电报。

就在弗格森准备发送电报时，突然，"爱尔兰皇后"号猛地向右倾斜，应急装备"砰"的一声摔在了地上，再也不能工作了。弗格森虽然沮丧，却又无可奈何，只好向驾驶室跑去。由于船体严重倾斜，弗格森只能沿着梯子和甲板艰难地向前爬去。十几秒后，"爱尔兰皇后"号再次发生剧烈的颤动，接着就猛地一斜，沉入水中。弗格森像一块石头一样，被狠狠抛进了水中。"爱尔兰皇后"号开始迅速下沉，肯德尔船长恋恋不舍地下达了弃船的命令，随后便被船员们一起拉着跳入水中逃生。

弗格森落水后，被撞击"爱尔兰皇后"号的运煤船救了上来。随后，运煤船的水手们又陆续救起了一些落水者。半个多小时以后，救援船赶到了出事现场，救起了落入水中的遇难者，被救起的共有465人，他们只是这艘客船上众多旅客中的一小部分，其余的1012人要么被海水吞噬了生命，要么就随着船体一起沉入了深海。

关于"爱尔兰皇后"号沉没事件，还流传着一个神秘的传说。相传，在1890年，古埃及有个叫亚曼拉的公主，她在死后被做成了木乃伊，放置在棺木里。后来，亚曼拉的公主被盗墓人先后卖给了四个英国年轻人，结果这四个年轻人都遭到了不幸。它被运到英国后，收藏者的家人出车祸，自己的房子还着了火。收藏者只好把它捐给了大英博物馆，灾祸又传播到了博物馆里，和它有关的很多人都生了病或死掉了。于是，大英博物馆只好将它转手送人。这个人请了当时欧洲最有名的巫婆拉瓦茨基夫人为这具木乃伊驱邪，结果巫婆也束手无策。

在这前后10年里，有不下20人都遭了厄运，甚至丢了性命。直到1914年，这具木乃伊被送上了一艘巨轮运往英格兰，而这艘巨轮在行驶途中和1000多名乘客一起沉入了圣劳伦斯河。这艘船就是"爱尔兰皇后"号。不过也有传言说，这具木乃伊是被运上了"泰坦尼克"

号，最终致使灾难发生。

事实上，"爱尔兰皇后"号与"泰坦尼克"号的沉没与亚曼拉公主并无关系，传说终究是传说罢了。

幸运舰"阴沟里翻船"

美国驱逐舰"伊文斯"号是一艘由美国海军建造，具有24年历史的3300吨级驱逐舰。"伊文斯"号于1917年由巴斯钢铁厂建造，经过一年时间的打造后完美竣工，在1918年正式下水服役，服役日恰好是第一次世界大战之时。它历经多次战争，被认为是美国海军舰艇中的幸运舰，有着非常神勇的历史。

在1945年的冲绳岛战役中，它击退了日本"神风突击队"150架次飞机的袭击，击落日机50架，立下赫赫战功。日本"神风突击队"是一支不畏牺牲、勇往直前的"敢死队"，它的队员勇敢顽强，甚至会驾驶着满载炸弹的飞机撞击目标，以求同归于尽。"伊文斯"号能在这样疯狂的攻击中有惊无险、全身而退，确实是非常幸运的。不成想，时隔二十几年后，在一次普通航行任务中，这艘幸运舰竟惨遭灭顶之灾，断送了它的一世英名。

此次海难是美国和澳大利亚海军在中国南海进行军事演习中发生的。

1967年6月，美国驱逐舰"伊文斯"号在演习中，用桅杆顶的灯光作为灯塔，给澳大利亚旗舰"墨尔本"号上的巡逻机返航时导航，并随时准备营救。

澳大利亚旗舰"墨尔本"号，是英国在第二次世界大战中建造的2万吨的航空母舰。这艘航空母舰却是个经常发生事故的大舰。1964年，这艘舰船曾与澳大利亚驱逐舰"航海者"号相撞，使82名船员魂归大海。

后来，这艘爱惹事的舰船，在港内停泊时，又莫名其妙地与日本的一艘货船相撞，花了800多万美金修理撞伤的地方。

航空母舰

6月2日凌晨3点10分，"伊文斯"号驱逐舰正在"墨尔本"号的左舷10°、15海里以外的海面疾驰而过。

在昏暗的大海上，细微的灯光映照着天空的星星，四周静谧而祥和。这时候，"伊文斯"号驱逐舰上的大多数海员都进入了梦乡，在舰桥上值班的海员是24岁的少尉罗纳德·雷姆西。甲板下的厨房正散发出一股新鲜的烤面包的香味，驱散了雷姆西身体的疲劳，他嘴角挂着微笑，好像有什么温馨的回忆涌上了心头。在这沉寂的夜里，他尽情地享受着心里头的秘密。突然，他接到"墨尔本"号上的一道命令，"飞机警惕"，意思是叫"伊文斯"号开到航空母舰舰尾的位置。

雷姆西赶忙向船长报告这一情况，船长当即命令舵手迅速向左打轮。可是，"伊文斯"号的舵手不知出于什么原因，没把舰舵大幅度的左转以便迂回到"墨尔本"号的舰尾，而是把舰舵向左轻轻一拨，直接冲了过去。"伊文斯"号猛烈地朝"墨尔本"号的正前方快速驶来，这不仅违反了航海的基本原则，还使两舰都身陷危机。

"墨尔本"号的值班舰员首先发觉出了状况，立即敲响警铃，"墨尔本"号的舰长史蒂文森赶紧向"伊文斯"号发出紧急无线电信号："注意，你们处在可能撞船的航道上！再重复一遍，你们处在可能撞船的航道上！"

看到"伊文斯"号毫无反应，依然向前航行，史蒂文森舰长心急如焚，他迅速跑到舰桥上大声喊道："快转舵！引擎回转，快转左舵！"但当他一转身，天呐！简直令人难以置信！"伊文斯"号又向右转了一些角度，正好横在了"墨尔本"号的正前方！

史蒂文森目瞪口呆，恨不得此刻有一只上帝之手，来帮他拨转船头。史蒂文森眼睁睁地看着一场悲剧不可逆转地发生了。只是瞬间，两艘舰船撞在一起，发出刺耳的"咔嚓"声。庞大的"墨尔本"号舰首直刺入"伊文斯"号驱逐舰的舰身，这艘幸运舰一下子就被拦腰斩断，舰首瞬间沉没深海。

睡意正浓的船员们被这突如其来的强烈晃动惊醒，美梦顿时成为一场噩梦。冰凉的海水迅速涌进船舱，惊慌失措的船员只好纷纷跳入大海逃生。昏暗的海面上，到处都是乱糟糟的残骸和拼命挣扎的人们，好几十人拼命向"墨尔本"号游去，还有一些船员及时从正在下沉的舰首跑向了舰尾。

"墨尔本"号的舰长见灾难已经发生，立即组织船员们开始救援行动。"墨尔本"号的船员们也跳上驱逐舰的舰尾，拼命把舰上的伤员们拉向安全处。最后一个被从水中拉起来的活人是"伊文斯"号的舰长，当他发觉出了状况的时候，已经太晚了，海水从破裂的船舱中灌了进来，他发现自己已经泡在漂流着的海水里，"我们当时正在舱里睡觉，最先听到的是一声巨响，随后船舱着火了，我们

碰撞造成海上大悲剧

以为是撞上了鱼雷或水雷。事情发生的太突然了，我都不知道自己是怎么获救的。"

　　这起灾难本是可以避免的，但却因舰上军官的玩忽职守，违章操作和不负责任，使这艘幸运舰没能摆脱拦腰折断的命运。在这次事故中，有74名美国士兵被大海吞噬了生命，199人从这艘驱逐舰上获救，在舰桥上值夜班的指挥官雷姆西也获救了，但他受了伤。值得一提的是，舰尾部分在海面上漂浮了4个月之久，一直沉不下去，直到10月份，它才作为靶舰被击中沉没。可见，在海上航行时，更要谨慎、小心，不能疏忽大意。

核潜艇作孽，民船遭殃

　　1961年，美国研制出了第一代导弹核潜艇——"乔治·华盛顿"号，它的水下排量为6888吨，水下航速能够达到25节，后经过改进配备16枚北极星AIII型导弹，射程为4600千米。它可说是集美国当时先进技术于一身。然而，20世纪80年代，这艘战略型核潜艇，却给一艘民船带来了重大灾难。

　　1981年4月7日清晨7点钟，"日丸"号船长野口泰三率领14名船员，驾驶着船离开了日本神户港口。"日丸"号是一艘载货船，建于1965年，重2350吨。经过两天的航行，于9日凌晨2点45分，"日丸"号航行至鹿儿岛县的佐多半岛，继而向西北方向远去。当天上午10点，"日丸"号在下甑岛桂琦灯塔西南37海里处，以11节航速匀速前行。这时，闪电划破天际，雷声滚滚，阵雨袭来，海面上刮起强烈的东南风，掀起1米多高的海浪。

　　由于阵雨来袭，海面上的视距为1~2海里，三副竹岛司一人在驾驶室值班，谨慎观察着海面上的情况。10点半左右，"日丸"号突然遭到了强烈撞击，瞬间船体向上抬起，紧接着全船停电。野口泰三船长发觉出了事故，飞也似的向驾驶台奔去。他向后望，看到一个模糊不清的黑影从海底冒了出来。经仔细辨认，那是潜艇的指挥台和上部艇体。大副松野下纯夫也看到了，惊叫："与潜艇碰撞了！"随后叫三副升起 NC 旗（表示我船遇难）。

　　船只被碰撞时，在机舱值班的是轮机长千叶吴南和轮机员今村春生。由于断电，舱内一片漆黑。他们打开手电筒进行检查，发现 2 号发动机旁的左舷船底有一个 1 米长、15 米宽的大洞，海水翻着白色泡沫滚滚涌进机舱，已无法采取堵漏措施了。船长野口得知船舱受损严重，当即发出弃船命令。

　　船员们迅速放下左右舷的两只救生筏。碰撞后 10 分钟，"日丸"的尾部甲板已灌入大量海水，以二副为首的 7 人登上右舷的救生筏，

海面航行的民用货船

船长等 8 人去登另一只救生筏。但是左舷上的救生筏的钢丝一时解脱不开，有跟"日丸"号一起沉入深海的危险。于是船长等人纷纷跳入大海逃生。6 名船员幸运脱险，船长和大副却失踪了。直到 21 日傍晚，人们才在屋久岛海面发现了两人的尸体。

"乔治·华盛顿"号核潜艇驻在日本的佐世保港，经常在西太平洋活动。在这次事故发生之前，它在日本琉球群岛的奄美岛一带活动，在回佐世保港基地的途中，与 P-3C 反潜巡逻机一起进行演习。甑列岛附近的水深在 500 米以上，潜艇在那里可以很好地隐蔽。而且这里也是日本海的苏联舰船的必经之路，因此这一带是最理想的活动海区。核潜艇在这里的频繁活动，具有特殊的战略意义，但对商船的航行安全带来严重威胁。

4 月 9 日上午，当"日丸"号西行时，"乔治·华盛顿"号正向东作浅水航行，不时上浮升出潜望镜对四周勘察，一旦发现 P-3C 反潜巡逻机，它又迅速下潜隐蔽。当时，虽然海面下着雨，视野较近，但它有先进的声呐，应能发现在水面航行的"日丸"号货船，令人奇怪的是，核潜艇仍然与之发生了碰撞。

上午 10 点 26 分，"乔治·华盛顿"号上浮到潜望镜深度，艇上声呐工作正常，没有发现水面舰船与它接近；当它升起潜望镜窥视时，只见海面波涛汹涌，视野不清，潜望镜作两次 360° 旋转，没有发现海面上航行的"日丸"号。这时，P-3C 反潜机开始向它接近，潜艇发现海面上空的反潜机，立即收下潜望镜隐蔽，接着声呐员发现了"日丸"号这个目标，迅速报告舰长，但还没来得及采取避让措施，事故就发生了。

上午 10 点 32 分，"乔治·华盛顿"号与"日丸"号发生了碰撞，地点是北纬 31°23′，东经 129°05′。据专家推测，当时"乔治·华盛顿"号的水下航速为 12 节，在碰撞前的 6 分钟，它与"日丸"号相距 3000 米，由于两船对向航行，于是不幸就在这短短的 6 分钟里发生了。

"日丸"号在受到撞击后，海水迅速灌满了机舱，一会工夫儿，"日丸"号便葬身海底，而船员们也纷纷落入水中，致使 2 人死亡。另外 6 名幸存船员在发起救援信号后，被日本"秋云"号护卫舰救起。不过，比"日丸"号货船排水量大得多的"乔治·华盛顿"号仍然在海面正常航行。令人意外的是，"乔治·华盛顿"号并没有对失事的"日丸"号船员采取救援措施，而是逃之夭夭。直到航行到 8 海里之外的地方，才上浮检查伤势，只发现指挥台外壳受到轻伤。

"乔治·华盛顿"号的逃走，美国方面解释为出于战略核潜艇的隐蔽性的需要。这在日本国民中引起了愤慨，造成日美关系的一度紧张。后来美国派太平洋舰长参谋沃里斯·理茨奇上校进行调查，并表示愿意向日方赔偿 9 亿日元的损失；同时，这次事故中负有责任的潜艇舰长 E·沃罗中校被解职。可是直到当年 6 月 10 日，美国方面在事故的最终报告中，也没有公开这次事故的详情，使这一事故蒙上了一层神秘的面纱。

核潜艇耍威风，学子丧命

美国核潜艇撞沉民船的事故屡见不鲜。2001 年，一艘 20 世纪 80 年代建造的核潜艇，再次闯下大祸，随后逃之夭夭，使一些年轻学子被波涛无情吞噬了生命，给数十个家庭带来了巨大的悲剧。

2001 年 2 月 10 日上午 8 点 45 分左右，日本"爱媛"号的渔业实习船载着该县宇和岛高中的 13 名学生、2 名教师和 20 名船员，在夏威夷檀香山港以南约 14 千米的海面上进行捕鱼训练。突然，"爱媛"号的船体受到强烈震动，这让船上的人们感到惊慌无比。几秒之后，

船体再次发生强烈的震动，随后冰冷的海水开始涌进船舱，船也开始下沉。

据船上幸存者回忆，这艘 500 吨的渔船，清早载着众人到达公海渔场。早饭后，一些学生回到舱室收拾宿舍，一些人在甲板上准备捕鱼训练。突然，船体伴着一声闷雷般的响声，自下而上受到两次激烈的冲击，随后下舱开始涌入大量海水，船内瞬间断电。舱室内靠近楼梯的学生很快就冲上了甲板。这时，甲板上的人们看到有个庞然大物从船体侧前方冒了出来，船长一眼就认出了是潜艇，船上人员还没有来得及穿好救生衣，船体就已经开始迅速下沉，慌乱之中，有人被海

潜艇的观望台

浪推上了海面。老船长回忆说："当时渔船遭到撞击后，就开始下沉了。就在短短的 5 分钟里，渔船就已经完全沉没了。"这一水域水深有 550 米。当时有 9 人失踪，其中包括 4 名 17 岁的学生、2 名教师和 3 名船员。可能是当时没来得及逃离船舱，跟着渔船一起没入海底了。

潜艇在撞击渔船之后完全浮出水面，当时获救的船员回忆说，他们看到潜艇望远台上有 2 名美国士兵用望远镜回头张望，但潜艇并没有返航营救落水人员。直到 1 个小时后，遇难人员才被过往的船只救起。获救的 26 个人当中，有一个人锁骨骨折，其他人在逃生的时候，由于大量饮入了渔船泄漏的海面浮油，数人呕吐不止。

究竟是哪艘潜艇撞击了"爱媛"号呢？原来是美国的一艘"洛杉矶"级"格林维尔"号核动力攻击潜艇。这艘潜艇长110米，宽9.9米，拥有7000吨的排水量。艇内还装有8枚"战斧"导弹、4枚"捕鱼叉"导弹和14枚MK48线导鱼雷。这样一艘庞然大物撞击渔船，如同巨石撞击鸡蛋一般，核潜艇自然没有任何损伤，但渔船却顷刻间沉没于大海。

当天上午，阳光明媚，天气晴朗，海面风平浪静，视野十分清楚。然而竟发生如此重大悲剧，令人震惊不已。广岛大学教授小濑邦治说，出事海域在美国海军基地附近，核潜艇人员之所以疏忽，是因为他们"把那里当作自己家的庭院而过于自信"。

事故发生将近1个月后，美国海军少校格里菲斯才透露了海难的详细过程：为了筹集资金建立美国海军第二次世界大战纪念馆，"格林维尔"号潜艇2月9日为应邀上艇参观的16名客人，安排了7个小时的海上活动。潜艇紧急上浮演习原本定在下午1点钟进行，下午2点返回基地。但在中午就餐时，由于餐厅太小，每次只能坐下10个人，聚会不得不分成两次进行。等待客人们吃过午饭后，已经是下午1点半了。为了让客人们体验紧急上浮的过程并节省时间，潜艇在进行紧急上浮的准备工作时，出现了疏漏，违反了正常操作。最后引发了一场重大悲剧。

格里菲斯说，在潜艇上浮之前，潜艇的声呐观测系统曾一度发现海面上的"爱媛"号渔船，但由于控制舱非常狭窄，且当时有16名参观者和16名舰员，空间非常拥挤，致使声呐员没能及时向潜艇指挥官报告。为了节省时间，潜艇在做紧急上浮演习时，艇长沃德尔决定将潜艇上浮的10分钟准备时间，压缩到5分钟，他本人在潜望镜中观测的时间也从正常的3分钟缩短到了80秒，使他没能发现海面上的"爱媛"号渔船。

事故发生后，日美双方政府都紧急行动，美国海军、海岸警卫队派出飞机、船队在出事海域连夜搜寻。当时的美国总统布什指示美国国务院向日本政府表示遗憾，并尽快向日本提供信息。美国国务卿鲍威尔给日本外相河野洋平打电话，对撞船事件表示道歉。日本首相森喜朗也召见美国驻日本大使福利，对美国潜艇撞毁日本渔船表示抗议，要求美国尽快打捞渔船船体。

事故发生一个月后，美国召开关于"格林维尔"号撞击日本民船"爱媛"号的海难事故责任问题的询问会，潜艇艇长沃德尔在询问会议中始终保持沉默。他曾提出只有获得不召开军事法庭、追究其刑事责任的保证才肯作证。在询问的最后一天，他不顾律师的反对，做出了宣誓作证的决定。他在证词中承认，自己在紧急上浮前没有做好充分的准备工作；关于邀请市民参与操作问题，他辩解说，是为了展示潜艇的性能并承认在接待这些市民的当天，使原本应该13名士兵值守的声呐室只有4人值班，而且整个航行计划拖延了45分钟。

询问会在沃德尔作出证词后表示，沃德尔涉嫌有玩忽职守罪、危害船只罪和过失杀人罪，他们将在3周内要求美国太平洋舰队司令官法戈梅军上将召开军事法庭审理此案，法戈梅军上将将在30天内作出是否召开军事法庭审理此案的决定。根据美国统一军法典，玩忽职守罪和危害船只罪的最高量刑是勒令退伍和拘禁2年；过失杀人罪在量刑上没有明文规定，但军事法庭对此罪最高只能课以勒令退伍和拘禁1年。

后来美国太平洋舰司令对"格林维尔"号艇长沃德尔作出以下惩罚：要求他提前退役并扣除一个月工资。据报道，美国太平洋舰司令在给沃德尔的一封申诉信中，指责他玩忽职守的行为，但并没对他"过失杀人"罪的指控发表评论。最后沃德尔在10月1日正式退役。

在事故发生的一年后，即12月15日，曾因玩忽职守导致9名高中生命丧大海的"格林维尔"号前艇长沃德尔，来到日本爱媛县宇和岛市，亲自向受害者的家属表示歉意。但是，这场突如其来的灾难，为受害者的家庭带来的悲痛和创伤，仍然难以平复。

潜艇扎堆相撞引发的惨剧

最常见的海上事故便是碰撞，两船相互碰撞并不罕见，但是潜艇扎堆相撞，导致 2 艘潜艇沉没、4 艘潜艇受损，就着实令人震惊了。

在第一次世界大战之前，潜水艇作为一种新兴舰种加入海军行列，英国皇家海军也不甘落后。1913 年，英国皇家海军提出一种设想，建造一种高速潜艇，以便能够和水面航行的主力舰队一起活动，在舰队决战前进入潜航状态，给敌方一个措手不及，为己方主力舰队创造有利条件。为实现这一想法，英国海军经过两年时间的研发，终于成功建造出 17 艘理想潜艇——K 型潜艇。

1917 年，K 级潜艇正式下水服役。该艇在水面航速很高，可以跟水面舰艇航行，能发射鱼雷攻击敌方舰船。当时，正处于第一次世界大战时期，它们在潜艇战争史上并没有立下显赫的军功，却在核艇碰撞史上留下了重大悲剧。不过，K 型潜艇还是一举拿下当时世界上潜艇中最快、最大的两项冠军。

K 级潜艇是以蒸汽轮机为动力，它的排水量达 2500 吨，总功率可达 1.05 万马力，比机油机推进的潜艇大得多，因此它的水面航行速度能够达到 23 节。当时，一艘战列舰的航速仅为 21 节，K 级潜艇可以轻松自如地跟随舰队行动。

为了更好地破浪前进，K 型潜艇的艏部高高昂起，两支烟囱则矗立在中部的机舱甲板上，舰桥也比一般潜艇高。但是，它毕竟还是潜艇，上层建筑比起水面舰艇来说，还是矮了许多。这是为了在夜晚或雾灯水面航行时，不易被敌人发觉。需要时，它也可以利用锅炉余热产生

海／难

Shipwreck

的蒸汽作水下短期潜航。一部分 K 型潜艇还装有水雷发射装置，甚至被命令去攻击德国的 U 型潜艇。反潜时，各艇保持一定间距，成几列纵队向前航行，并投放水雷。这样的设计表明，K 型潜艇打算作为水面舰艇的一员，而非水下舰队的舰只。

不过，K 型潜艇也具有一定缺陷。虽然它的航行速度非常快，但是它在突发事件面前却难以做出反应。这是因为 K 型潜艇在下潜前必须关闭锅炉、排空蒸汽、放下烟囱，下潜期间潜艇的动力必须由辅助的柴油机提供。它在上浮后还要反方向操作一次。因此下潜和上浮时间都远远超出了一般潜艇所需时间，所以 K 型潜艇在面对突发情况时，就会相当迟钝。

在一次试航意外中，人们为 K 型潜艇又赋予了一项冠军称号。原来，当时的潜艇多采用平甲板型，而英国海军当初建造 K 型潜艇的初衷，是为了使其拥有飞快的速度，因此 K 型潜艇的艇艏装有大型浮箱，并将艇艏改为剪刀型以便提高航海性能。由于加装了浮箱，潜艇拥有较大的可用空间，因此人们还在潜艇中装置了 8 根鱼雷发射管。于是 K 型潜艇又被赋予了一个头衔——最强潜艇。

号称当时速度最快、体积最大、攻击最强的 K 型潜艇，在参与实战时却酿成了一场彻头彻尾的灾难。

1918 年 1 月 31 日晚上 6 点左右，英国海军司令部向罗塞斯基下达出击命令，舰队通过风景如画的福斯河拱形铁路桥，东进北海，准备与科克沃尔舰队会合后，一起袭击罗塞斯港。

在上级的命令下，整个舰队不许开设灯光，以免暴露目标。因而，舰队以 20 节的航速在漆黑的大海高速航行。航行在最前面的是第十二、十三潜艇舰的 K 型潜艇，水雷舰队、巡洋舰队、战列舰队紧随其后。

严冬的北海之夜，漆黑一片，要整个舰队保持一定队列是一件相

碰撞造成海上大悲剧

舰艇

当困难的事情。危险首先降临在 K 级第十四号潜艇上。当它行驶到福斯湾口的迷岛附近时，隐约发现前方有一艘小船。第十四号潜艇立即转舵避让。不幸因舵机发生故障，使它与旁边的 K 级二十二号潜艇发生碰撞，将二十二号潜艇一下子撞出了队列。由于十四号潜艇航速很快，两艇相互顶着一时无法分开。在这伸手不见五指的黑夜里，身后的潜艇根本不知前方发生了什么。5 分钟后，战列舰又猛冲上来。战列舰"不屈"号巨大的身躯竟整个冲压在第十四号潜艇上。第十四号潜艇经过两次碰撞后，损失极为严重。

然而灾难并没有就此结束。另外一支 K 级潜艇舰队，在巡洋舰"无畏"号率领下，全队也在黑夜中高速前进。

为了救助与战列舰碰撞而受伤严重的第十四号潜艇，同队的十七号潜艇转而驶向十四号潜艇。不成想，这个想要帮助他人的行动竟给自己又带来严重的灾难。高速行驶过来的"无畏"号舰队根本不知道前方有偏离航线的潜艇，结果强大的冲击，一下子就把十七号潜艇拦腰折断，导致它迅速沉没。

"无畏"号在一阵惊恐之后赶紧停了下来，跟在"无畏"号身后的 K 级第四号潜艇也慌忙停下。此时，K 级第四号潜艇身后的六号潜艇虽然也停了下来，但是巨大的惯性仍然使它向前冲去。于是，在"吱呀"的急叫声中，昂起头的六号潜艇便猛烈地向四号潜艇冲了过去。"轰隆"一声巨响，第四号潜艇也被撞成了两截，迅速沉没深海。

海面上除了一片油渍和一些乱糟糟的漂流物外，便再无其他……

只是瞬间，一场巨大的碰撞悲剧就在人们的眼前发生，恍若做梦一般。在这次事故中，共有 6 艘潜艇相互碰撞，其中有两艘潜艇被拦腰折断，眨眼工夫就沉没深海；另外 4 艘潜艇也都身负重创，造成了潜艇史上前所未有的悲剧。

警报声响彻海面，灯光划破天际。袭击敌军的行动，只好变成对自己同伴的紧急救援。罗塞斯舰队急电司令部，请求放弃原有的作战计划，并派出救援舰队前来支援。司令部在接到电报后，只好立即下令营救遇难军舰。一时间，各种救护船火速向出事海域赶去……K 级潜水艇出师未捷，扎堆相撞酿成悲剧，此时已是亡羊补牢，为时太晚。

Part 8

魔鬼海域吞噬一切

浩瀚无际的汪洋不仅充满神秘，同时还蕴藏着重重杀机。汹涌的海浪、怒吼的狂风、溟蒙的海雾，无不成为魔鬼的牙齿。令人生畏的百慕大三角、神秘莫测的大西洋、危机四伏的威德尔海，为过往船只编织了一张血淋淋的罗网，无情、残忍地吞噬海面上无辜的船舶。

令人生畏的百慕大三角

百慕大三角的地理位置，是以百慕大群岛为顶点，到加勒比海的波多黎各岛和美国的佛罗里达半岛南端，形成一个每边长约 2000 千米的三角形海域。在这里航行的飞机和船只常常神秘失踪，事发后不仅查不到原因，甚至连船只或飞机残骸碎片也无半点踪迹。

自 16 世纪以来，这片神秘海域已经吞噬了数以百计的船只和飞机，人们也将它称为"魔鬼三角区""死亡三角区""死亡之海"等等。一时间，百慕大三角成了科幻小说的诱人题材，同时也成为航海家和飞行家望而生畏的航区。

人类历史上第一个涉险到达百慕大三角的航海家是哥伦布。1502 年，哥伦布率领他的远洋船队第四次远航美洲。船队在靠近百慕大三角时，海面上突然刮起了一阵狂风，船只好像航行在峡谷之间，几乎不见天日。

哥伦布见此情景，知道事态严重，紧急命令他的船队稳住舵把，向佛罗里达海岸靠近，以便避开这股凶猛的暴风。然而，此时船上所有的罗盘受到莫名干扰，舵手和水手们晕头转向，根本无法辨清方向。幸运的是，船队歪歪斜斜地终于从波峰浪谷间摆脱了险境。事后一检查，船上的磁罗盘指针已经偏离原航线 176°。哥伦布在惊恐之余，给国王写了一封航海报告，并在信中战战兢兢地描述了这次心惊胆战的航海经历："当时，浪涛翻卷，一连八九天，我们两只眼睛看不见太阳和星辰。我这辈子看见过各种风暴，但却从来没有遇到过时间这么长、这么狂烈的风暴！"

哥伦布的遇险经历尚可解释，在当时并未引起人们的足够注意。1840 年，一艘从法国起航的"罗莎里"号货船，在百慕大三角航行时船员竟然都神秘失踪了。"罗莎里"号满载着大批香水和葡萄酒，从

著名航海家哥伦布

法国向古巴附近驶去。几个星期后，海军在百慕大三角海域内发现了"罗莎里"号，只是船上已经空无一人，所有船员都凭空消失了。更令人惊讶不已的是，货船没有任何损坏的痕迹，货舱内的货物也都完好无损，就连水果也仍然新鲜。但是，船上的水手却神秘失踪，此事至今无人能解答。

1872 年，一艘双桅船"玛丽亚·采列斯特"号，在亚速尔群岛以西 100 海里的地方漂浮。当人们发现它时，船上已经空无一人。令人诧异的是，船舱的餐桌上还摆着美味佳肴，茶杯里还盛着没喝完的咖啡。壁上的挂钟正常地走动着，缝纫机台板上还放着装着机油的小瓶子。这一切说明这艘船并没有遇到风浪，但是它的主人却神秘消失了。没有人知道它到底发生了什么。

此事故后，灾难并没有结束，类似的船只失踪事件屡见不鲜。

1945 年 12 月 5 日下午 2 点 10 分，美国佛罗里达州劳德代尔堡海军航空兵基地的 5 架"复仇者"号鱼雷轰炸机跃上蓝天，进行导航和鱼雷攻击训练。"复仇者"号此次飞行的航线是：向正东方向飞过巴哈马群岛，接着向北飞行，然后沿三角形最后一个边线返航。5 架银燕排着整齐的队形，在百慕大三角的上空翱翔。飞机上有 5 名飞行军官和 9 名服役驾驶员。

中队长泰勒上尉是一位有经验的教官，机号"FT-28"，其他各机的驾驶员分别为斯蒂费斯、鲍尔斯、格伯和博西，他们虽然是学员，但在平常的训练中已经完全掌握了"复仇者"号轰炸机的轰炸技术。

这天阳光明媚，天气明朗，是个理想的飞行天气。"复仇者"号轰炸机和往常一样，加足了燃料，足够飞行1600多千米。下午3点10分，中队在完成了一系列俯冲和投弹训练之后，继续向东飞行。劳德代尔堡的飞行指挥塔正在等候和飞机取得联系，以便得到正确的到达时间和发出着陆指令。然而，意外却在此时发生了。

当时飞行队越过巴哈马群岛上空，飞机的指示罗盘却突然失灵，使飞行员慌了神。下午4点钟，指挥部收到了泰勒上尉恐惧而颤抖的呼救："报告指挥，发生了紧急情况。我们好像偏离了航线，无法看见陆地！再说一遍，我们看不见陆地。"

指挥部赶忙询问："你们的位置在哪？"

泰勒回复："我们弄不清自己的位置，不知飞到了什么地方！我们好像迷失了方向。"

指挥部："把机头向西转。"

泰勒："罗盘出了故障，指针不动。我们辨不清方向，看到的只是大海！"

基地指挥部当时并没有意识到事态的严重性。因为飞机上的燃料充足，可以支撑4个小时的飞行。而且，泰勒上尉是位非常有经验的教官，指挥部非常相信他的能力。为了安全起见，指挥部对另一架仪表正常的飞机下达指令，要求他替代"FT-28"号。

然而十几分钟后，指挥部再次接到报告："紧急情况！我们现在又迷航了，看不见陆地……一切全乱套了，大海好像也和往常不一样了！"就在这时，无线电传来勒泰上尉的声音："我们好像在墨西哥湾的上空！"

指挥部非常吃惊，飞行队怎么会飞到墨西哥湾？到了下午，这5架飞机仍然不知位于何处，继续盲目地飞行。更令人震惊的是，这5

架飞机发来报告，称所有的仪表都失灵了，他们什么都看不见，就连太阳也看不到，根本无法校正航向。最后，指挥部收到了一条令人悲伤的消息："我们完了，我们掉进大海了。"

通信电波越来越微弱，直至一片沉寂。此时是晚上 7 点 04 分，泰勒上尉和他的 14 名部下以及那 5 架飞机，突然在地球上消失了。

这件事简直令人难以置信，指挥部立马派出"马丁"号救援机去搜寻。"马丁"号载着 13 名飞行员前赴事发地点，然而这架飞机也一去不复返。当它飞行到出事海域时，忽然与指挥部失去了联系，神秘消失了。

在几个小时里，6 架飞机和 27 名飞行员竟然凭空消失了，这引起美国当局的高度重视。于是，美国当局立即展开一次空前的搜救活动。翌日，美国海军派出包括航母在内的 21 艘舰艇，数百艘快艇和摩托艇以及 300 架飞机，搜索从百慕大三角海域到墨西哥湾的每一寸海面，然而一无所获。

按常理分析，如果飞机坠入海中，海面上至少也留下油渍或漂浮物，然而这片大海竟什么也没有，就像什么也没发生过似的。一位搜寻人员沮丧地向上级报告说："天知道发生了什么，我们甚至连一块儿碎片也没有找到。"当这件事被公布以后，百慕大三角也吸引了更多人的关注，以后不可思议的飞机事故也频频发生。

1948 年 12 月 27 日 22 点 30 分，一架大型民航班机从旧金山机场起航，途经百慕大三角海域上空，地面指挥塔曾听到机长惊诧的话声："天哪，这是怎么回事？都在唱圣诞歌哪？"没有人知道这句话究竟是什么意思。28 日凌晨 4 点半，班机还向机场发来电讯，说他们已经接近机场，可以看见灯光，准备降落。机场做好接受飞机着陆的各项准备后，却迟迟没有等来飞机。它载着机员和乘客神秘消失了。有人说，这次飞机失踪太突然了，上一秒他们才通过电讯，可下一秒飞机就无影无踪了。就好像天空突然开了个大洞，飞机一下子掉了进去，无声无息了。

百慕大三角的怪世奇谈使这片海域充满神秘，不少科学家对它进行探索和研究，希望可以从中获得答案。有科学家指出，百慕大三角常常使船舶或飞机的罗盘失灵，这很可能是因为百慕大三角海域的海底有巨大的磁场。

1943 年，一个名叫袭萨的博士曾在美国海军配合下，做了一个有趣的实验。他们在百慕大三角架起两台磁力输出机。当磁力输出时，海面竟出现了怪事。船只的周围立即被绿色的烟雾萦绕，随后船和人都消失了。实验结束后，船上的人都受到了某种刺激，有些人经过治疗恢复了正常，有些人却因此而发了疯。事后，袭萨博士竟然莫名自杀了。这个实验为百慕大三角海域又徒增了几分神秘。还有科学家认为，百慕大三角海域出现的离奇失踪案与宇宙黑洞现象颇为相似。推测百慕大三角存在黑洞，所以才会导致船舶、飞机无故失踪。

关于百慕大三角海域神秘失踪案的假说颇多，但始终没有得到证实。时至今日，人们也没有揭开这片海域的神秘面纱。

神秘莫测的大西洋坟场

在全世界的海洋中有许多制造海难的"魔鬼海"，除百慕大三角外，大西洋还有两个令人望而却步的海域坟场：一个是赫赫有名的南坟场——美国东海岸的哈特雷斯海区。它是一个变幻莫测的外浅滩区，曾经毁舟千艘，沉尸万具，在人类航海史上留下了斑斑血泪。另一个是令人生畏的北坟场——加拿大新斯科舍半岛东南方的塞布尔岛，也是世界上最令人惊奇、最神秘而又最易造成海难的"死神岛"。几百年来，数以万计的航船在此惨遭横祸，给航海人带来巨大的灾难，以致该岛被航海界称为"幽灵岛""死神岛""千船遇难岛"和"死亡之地"等。

大西洋南坟场位于美国东海岸北纬 35°14′、西经 75°31′ 处，是一条狭长的浅滩，也被叫做"外浅滩区"。南坟场把波澜壮阔的大西洋与美国大陆蜿蜒曲折的东海岸相隔开，其最狭窄处只有百米宽，最宽处也不过 4000 米。经过岁月的冲刷，波涛把外浅滩区冲出一道道缺口，切割成几个小岛，其中较大的有哈特勒斯角岛、奥克拉科克岛、罗安诺克岛和朴次茅斯岛，构成了世界闻名的死亡之地——南坟场。

哈特勒斯角还是世界上最危险的海域之一。这里浅滩簇簇，海流复杂，风云突变，海雾浓浓，即使是有丰富航海经验的老海员在路经此地时，也要格外小心谨慎。

哈特勒斯角有世界上最大的海流——墨西哥湾暖流。这股暖流以每秒 5500 万立方米的流量，浩浩荡荡地向海角东方流去，与北方南下的拉布拉多冷海流相遇，使这一带的气候变得非常复杂，海岸时常会遭遇巨大海浪的冲击。冬季来临时，拉布拉多冷海流的强大冷锋，又使这里产生浓雾和雷暴。

除海流外，这里的海风也令人心生畏惧。哈特勒斯角海的海风素以变幻无常而闻名世界，每年 10 月至来年 4 月，即使是徐徐清风，也可能在瞬间变成一场威力无比的狂风，吹起海滨的沙石和贝壳，以遮天盖地之势袭击陆地，把果园淹没，把街道堵塞。1944 年 9 月，曾有一场以每小时 110 海里的大暴风，高速席卷哈特勒斯角。当时所有的测风仪都被损坏，以致无法记下准确的资料。

这里还经常出现一种使海员们胆战心惊的奇异现象：海面上微波荡漾，天空中万里无云。突然，海面狂风四起，南方的天际被蒙上一层昏暗的色彩。这种奇异的现象降临时，船只会发生航行误差，陷入浅滩而不能自拔。因此，人们称它为"南方黑暗"。这是一种奇特的

海／难

Shipwreck

天气现象，至今也没人能作出解释，有人推测这与百慕大三角"绿雾"一样，可能与电磁场的作用有关。

哈特勒斯角风暴肆虐，海流复杂，海雾浓浓，给海航人带来很大的危险，遇难的船舶也不计其数。1958年2月，强烈的暴风掀起千层海浪，暴风雪和暖流的蒸腾同时出现在哈特勒斯角海区。一艘名为"鲍吉塔斯"号的意大利货船，在行驶至哈特勒斯角时，不幸遭遇狂风、暴雪的疯狂袭击，老船长在紧要关头迅速发出了求救信号，但却难逃船沉人亡的厄运。当人们收到"SOS"信号后，救援人员立即赶到了出事地点，但由于暖流的蒸腾使海面成了白茫茫的一片，使救援工作无法进行。

400多年来，哈特勒斯角海区已经先后吞噬了近3000余艘船舶，其中有220艘有具体的遇难日期、地点和船名的记载。时至今日，在哈特勒斯角的浅滩下面，还埋着葡萄牙人华丽的轻便帆船、西班牙人的大型货船、印度公司的航船和近代钢船。这些都是人类为认识哈特勒斯角付出的惨重代价，正是因为这一点，人们才将它称为大西洋南坟场。

加拿大新斯科舍半岛东方的北大西洋中，有一座令人生畏的海岛，因其附近经常发生海难，因此人们叫它"死神岛"。

在汹涌澎湃的北大西洋中，有个叫塞布尔的灾难之岛。在碧波万顷的北大西洋上，人们很难发现它。即使是在万里无云的晴朗天气，人们只有站在甲板上仔细观看，才能发现天际线上的一条沙洲。加拿大的渔民说，岛上的沙丘会像变色龙一样，跟随海水颜色的变化而变化，远远望去，它就像藏匿在这蓝色的波涛中。这让航海人难以分辨，稍有不慎就会驾驶着航船，向沙滩冲过去，以致陷入这绵软的浅滩中而不能自拔。

海岛周围的天气变化无常，海面上永远笼罩着一层薄雾，水汽腾

波涛汹涌的大西洋

腾，多次使船舶遇难。每年秋末冬初，海面上狂风四起，掀起数十米高的浪头，令人望而生畏。冬季来临，暴风雪连续几个月逞威肆虐，巨浪咆哮，波涛汹涌。岛上荒凉无比，除去坚硬的岩石，便是低矮的沙丘，很难找到树木，偶尔才能找到一些不怕疾风的劲草。

塞布尔岛四周的浅滩变幻无常，成为大西洋北坟场的海洋泥沼地。它使遇难的船舶陷入泥沙的围困，如同沼泽一般，使船动弹不得。即使是 5000 吨巨轮，驶入塞布尔浅滩后，也难以逃脱覆灭的厄运，只要两三个月的时间，巨轮就会被贪婪的沙滩消化得无影无踪。几百年来，塞布尔浅滩吞噬了数不清的船舶，这里也成为航船的坟墓。

塞布尔岛十分古怪，它会移动自己的位置，而且移动速度很快，仿佛长了脚似的。每当洋面狂风大作时，它会像帆船一样被吹离原地，作一段海上"旅行"。 几千年来，由于惊涛骇浪的猛烈冲蚀，塞布尔岛的面积和位置不断在发生变化。最早它是沙石堆积成的一座长 120 千米、宽 16 千米的沙洲，近 200 多年以来，该岛已经向东游行了 20 千米，长度也减少了大半。现在该岛长 40 千米，宽不到 2 千米，呈一个狭长的月牙形。

塞布尔岛是世界上最危险的"沉船之岛"。千百年来，有 500 余艘船舶在这里神秘沉没，数千人在这儿丧生。在海岛厚厚的沙层下，沉睡着北欧的海盗船、西班牙的商船、法国的渔船和英国的帆船等，因此人们也称它为"大西洋墓地""毁船的屠刀""魔影的鬼岛"。

1898 年 7 月 4 日深夜，美国科学家、电话发明家贝尔在那里亲眼目睹了法国轮船"拉·布尔戈"号同一艘船不幸相撞的情景。他想，在这么短的距离内，水手们一定会游到海岛上避难。不料，浅滩陷下了遇难者，很少有人生还。轮船也搁浅在沙滩上，缓缓下沉，最后成了大西洋北坟场祭坛上的牺牲品。

1840 年 1 月，英国的"米尔特尔"号轮船，在航行到塞布尔岛附近时，被海上突如其来的狂风刮进了流沙浅滩。船长一看，大事不妙，带领着船员们跳入大海，弃船逃生，结果全部丧命。两个月后，空无一人的"米尔特尔"号被风暴从浅滩中又刮到海面，在亚速尔群岛再次搁浅时，才被人们发现。

1879 年 7 月 15 日，美国的一艘"什塔特·维尔基尼亚"号客轮，载着 129 名乘客离开纽约，前往英国的格拉斯哥。在航行途中，客轮不幸遇到了浓雾，由于视线不佳，最后在塞布尔岛南沙滩搁浅。幸运的是，在救援人员的全力营救下，船上的遇难者顺利脱险。

在沉船之岛的众多悲剧中，只有一艘船没有经过任何救援，就脱离了险境，那就是美国的"阿尔诺"号渔船。1846 年的一天，海面风平浪静，"阿尔诺"号渔船正在北大西洋捕鱼。到了半夜，海上突然刮起狂风，"阿尔诺"号渔船在海浪上剧烈地摇晃着，渐渐向塞布尔岛漂去。航海经验丰富的西基恩船长，深知渔船的处境非常危险，死神之岛已近在咫尺。为了逃脱死神的魔掌，他果断下令抛锚。到了第二天中午，西北风越发猛烈，浅滩区的海水奔腾。船长知道，此刻等待救援也是无济于事，唯一的办法就是奋力自救，战胜死神。船长决定把大部分船员锁在船舱内，只留下 2 名经验丰富的水手，将船的两舷，用绳子绑在船梯上，再将大桶的鱼油倒在船体的两侧，以做润滑的作用。船长稳握船舵，笔直地向"死神岛"冲了过去，终于越过浅滩区，冲出了"海洋沼泽"的险地。西基恩船长凭借智慧和勇敢，拯救了船上所有的人。

变幻莫测的塞布尔岛，吞没了数百艘船舶。时至今日，人们也无法得出船舶沉没的原因。有人认为，是因为海面上波涛翻涌，掀起的巨浪能够击沉猝不及防的船舶；也有人认为塞布尔岛附近磁场异于其邻近海面，且气候变幻无常，使航行的船只罗盘失灵，从而导致船舶沉没。

不过，自从塞布尔岛被划入加拿大版图后，为避免、减少事故的发生，加拿大政府在岛上设立了水文气象站、电台、现代化灯塔和救生站。在那里有全天等候救援的直升机和救援船，还有一批训练有素的救生人员，一有险情马上可进行救助活动。每当夜幕降临时，在16海里外的船只就能看到两座灯塔闪烁的灯光，警示人们：前方是塞布尔岛。

虽然近几十年来，塞布尔岛的海难事件已经大大减少，但有关这座沉船之岛的传说，还在告诫人们避开这座可怕的坟场。

深海藏匿的“恶龙”

太平洋也有一个被称作“魔海”的神秘海区，那就是龙三角区。它与百慕大三角海区一样，每当船只、潜艇、飞机路经此地，常常会出现罗盘失灵、无线电通信故障或中断现象，甚至一去不复返，凭空消失……因此，这片海区拥有了“太平洋中的百慕大三角”的恶名，它也被人们叫作“最接近死亡的魔鬼海域”和“幽深的蓝色墓穴”。

自20世纪40年代以来，数不清的船舶在这片空旷清冷的海面上神秘消失，这些消失的船只，大多数在出事前都没能发出求救信号，也没有留下任何线索。日本渔民认为，这片海域底下住着海魔和恶龙，它们经常浮到海面吞噬过往船只，所以日本人把这儿称为龙三角。

“魔海”龙三角区的地理位置是：以日本东京湾为一点，以东经145°、北纬35°为一点，以雅浦岛为一点，将这三个点连接起来，构成了“太平洋中的百慕大三角”。龙三角所处的地理位置，地层陡降，海水极深，海底火山活动频繁，洋流极强。因此，这片海区时常出现巨浪、海啸、狂风、漩涡、海雾等恶劣气候。

在第二次世界大战末期，龙三角海域的舰船、飞机往返量大增，出事频率也随之急剧上升。1944年6月，为了夺取海上优势，美军大批轰炸机从距离日本本土较近的塞班岛和堤尼岛空军基地起飞，前往日本实施轰炸，结果很多飞机都在龙三角上空失事。由于当时战火连天，人们并未深究飞机失事的原因。

当时，日本也有一架飞机神秘失踪。这架飞机是日本川崎公司生产的HK-8型，当时它正在硫磺岛海域上空巡逻。在出发之前，岛上的日军指挥官指示飞行员，如果发现敌机入侵，立即通过无线电向总部报告。但这架飞机在失踪前，发来的电讯内容非常怪异，他说："天空中出现了怪事……天空打开了。"这时，电讯突然中断，接着飞机也在空中消失了。

1957年3月22日凌晨4点48分，一架美国货机从威克岛起飞，准备前往东京国际机场，机组成员是67名军人。此次飞行时间预定为9个半小时，为确保万无一失，飞机上准备的燃料足够13个半小时的航程。飞机在起飞后的8个小时，飞行情况一切正常。到了下午2点，驾驶员发出信号，预计3个小时后抵达目的地，飞机的所有设备都处于正常状态。此时，飞机所处区域阳光明媚，万里无云，是十分适合飞行的好天气。1小时15分钟后，驾驶员在距离东京300千米的地方发出讯号，空中交通控制中心回应说，希望它能够在2小时以内到达。然而，这架货机却始终没有降落到机场。

不久飞机与空中交通控制中心的通信突然中断，接着这架飞机就消失在蔚蓝的天空中。搜救队在方圆数千千米的海面上来回搜索，最终无功而返。这架性能优良的飞机，为何会在近乎完美的飞行条件下无故失踪，其原因直到今日依然无人知晓。

1970年1月，利比里亚的一艘名为"索菲亚·巴巴斯"号的轮船航行到龙三角海区。起初，它的航行一切正常，可是转眼工夫，人们就跟它失去了联系。"索菲亚·巴巴斯"号离奇消失了。

1975年，12月底，南非的"柏吉·伊斯特拉"号货船满载着矿石，离开南非码头，驶向日本。当它航行到龙三角海区时，无线电机长还在和妻子通电话，他告诉妻子说："这里风平浪静，天气晴朗。"没过多久，这艘货船就突然没了消息。过了几年，它的姐妹船"柏吉·范加"号货船，跟它遭遇了同样的命运。

1980年7月28日，一艘10.2万吨的韩国货船"海丹华"号，在驶往日本时，途径龙三角海区，最后却在门答那峨海沟无故沉没。人们收到船上发出的最后一条电讯是："海上天气晴朗，海况一切正常。"

同年9月，英国的"德比夏"号货船在航行至龙三角海区时突然沉没，甚至连"SOS"求救信号也没有发出。不久后，日本的"玻利瓦"号货船，也在行驶到龙三角海区时，遭遇了"德比夏"号一样的命运。

2002年1月，一艘名为"林杰"号的中国货船，满载着货物以及19名船员，在行驶到日本长崎港外时，突然在海面上消失了。货船没有发出求救信号，海面四周也没有船体残骸，"林杰"号仿佛在人间蒸发了，没有人知道到底发生了什么。

1980年，有一艘名叫"德拜夏尔"号的矿船，在龙三角海区神秘消失。虽然搜救飞机在海岸四周并没有发现船只的踪迹，不过他们在船最后出现的不远处发现了一堆油渍。但是，谁也不清楚这些油渍，到底在沉船的什么位置。

发生在"魔海"龙三角连续不断的神秘失踪事件，引发了人们的好奇，科学工作者开始采用不同方法，试图揭开"魔海"龙三角的神秘面纱。

1994年，失事船只搜寻专家大卫·莫恩决定从科学的角度去探索"龙三角海域船只神秘失踪事件"。这年7月，大卫·莫恩率领着一支海

魔鬼海域吞噬一切

洋科技探险队，向"魔鬼海"进发，他们坚信可以揭开事实的真相。

探索队利用平面扫描声呐、潜水机器人等先进设备，经过长时间的搜寻，最终在水下约 4000 米的海床上找到了一堆变形金属，接着探索队又在其附近找到了一些铁矿石。由于探索队知道当时"德拜夏尔"号运载的正是铁矿石，因此人们推测，海底变形的金属就是沉船"德拜夏尔"号的残骸。

通过探测器的资料研究，人们最终找到了"德拜夏尔"号沉船的答案：

当时，"德拜夏尔"号行驶到龙三角海区时，遇到了风暴。船长自信地认为，像"德拜夏尔"号这样的巨轮可以抵御风暴的袭击，于是他并没有采取救援措施，继续航向。不久后，风暴引来了海啸，汹涌的巨浪将"德拜夏尔"号抛到海面，强大的冲击力硬是将矿船拍成了三截。船舱涌进大量海水，矿船连带着船员们一起沉入深海。由于巨轮在下沉过程中，海水压力逐渐增大，将船体挤压变形，使船体沉没海底时，变成了一堆残破不堪的废铁。

2000 多年以来，数以万计的船舶在这里惨遭横祸，使这片湛蓝的海水成为神秘莫测的生死地狱。直到今日，人们仍然难以了解这浩瀚汪洋下，究竟还隐藏着多少秘密，它等待着人们去探索、发现。

神秘的阿尔沃兰海

1969 年 7 月底，西班牙各家报刊社都刊登了一条消息，一架"信天翁"式飞机，于 7 月 29 日下午 3 点 50 分左右，在阿尔沃兰海域神秘消失。

人们在得知消息后，立即前往位于西班牙南岸的阿尔沃兰进行搜索。当天失事飞机上的乘客中有西班牙海军的上校和中校，因此军界也相当重视，派出了 10 余架飞机和 4 艘舰船前去搜索。然而，人们搜寻了大半个海域，只找到了失踪飞机的两把座椅，其余的什么也没发现。

无独有偶，在这次事故发生的两个月前，也就是同年 5 月份，另一架"信天翁"式飞机也在这片海域无缘无故地栽进了大海。

5 月 15 日傍晚 6 点钟左右，该飞机载着 8 名乘务员途经阿尔沃兰海域。据目击者说，当时那架飞机的飞行高度很低，驾驶员可能是想强行在水上降落，但并没有成功。随后，飞机突然失控一般，一头扎进了大海。事发后，救援人员火速赶来，救起了死里逃生的麦克金莱上校，随后将他送往医院抢救。尽管他的伤势并不严重，但却说不清飞机出事的原因。

救援队还在距离海岸 1500 米的地方，打捞出了两具尸体。经确认，证实是失事飞机的乘务员。后来，军舰和搜寻员又仔细地搜查了几天，另外 5 人始终没有找到。

有人说，当时担任出事飞机机长的应该是一个名叫博阿多的空军上校，不知出于什么原因，临时命令麦克金莱担任机长执行反潜警戒任务。就这样，博阿多逃过了一劫。然而，上天并没有一直眷顾他。两个月后，博阿多被任命为另一架"信天瓮"式飞机的机长，前去执行同一任务。当飞行至同一海域时，发生了和上次一样的灾难，博阿多机长跟着飞机一起消失了。

阿尔沃兰海之所以被称为"神秘的死亡之海"，不仅是因为它能干扰飞机的定位系统，从而使飞机迷航，它还会让船舶迷失方向，致使船舶失事。

轮船与飞机大不相同，每个船员都知道可以根据太阳的位置来确定方向，且西地中海面积并不大，气候条件并不十分恶劣，然而令人费解的是，在这片海域失事的船只，竟也不在少数。

信天翁式飞机

1964 年 7 月，一艘名为"马埃纳"号的捕鱼船，航行至此时不幸遇难。船上的 16 名渔夫全部丧命。这件事情在当时引起了热议，人们纷纷猜测渔船出事的原因。但是 8 月 8 日，西班牙的报刊在刊登这一消息时却说："此事件并没有合理的解释。"

事情的经过是这样的：7 月 26 日晚上 10 点半，特纳里岛的一个海岸电台突然收到了一个从船上发来的含糊不清的求救信号。但他并没说出自己的位置和船的名字。半个小时后，这个电台再次收到一个相同的求救信号，之后就什么也没有听到了。

第二天上午 10 点 45 分，海岸电台收到了另一艘渔船发来的电报，他们说，在距离博哈多尔角以北的几千米处，发现了 7 具穿着救生衣的尸体。经过确认，人们得知这是"马埃纳"号上的船员。为了寻找其他幸存者，海岸电台要求在那片海域附近的船只，仔细搜寻。一天后，一艘渔船报告说，他们找到了 3 具穿着救生衣的尸体。接下来的 3 天，几十艘船只都没有找到其他人的一点线索或是船体的残骸。后来，人们在非洲的沿海沙滩上又发现 2 具尸体，但另外的 4 个人始终没有下落。

事故发生后，不少人对此事提出了质疑。有人问，在相隔半个小时的两次呼救信号中，"马埃纳"号船员为什么没有逃生？他们为什么两次都没有说出自己的准确位置？当时船员们都穿着救生衣，那么他们的死因是什么？尤为可疑的是，事发地点距离海岸只有16千米，那些水性娴熟的船员们为什么没有一人游到海岸？

有人推测他们是被饿死的，很快这个说法就被推翻了。因为最先被打捞上来的7名船员，他们的打捞时间距离出事时间仅有9个小时，这么短的时间内，人是不会饿死的。也有人说，船上可能发生了爆炸，致使船员死亡，但这种说法也不可靠，因为船员的尸体并没有受伤的痕迹。直至今日，人们也无法对这起事故，做出可靠的解释。

在阿尔沃兰海域失事的船只并不在少数。1972年7月，"普拉亚·洛克塔"号航行至此，他们距离目的地只有几百米了。然而，这时候船上的导航仪器莫名受到了干扰，而且当时船上包括船长在内的所有人都没能辨别方向。最终，"普拉亚·洛克塔"号也没能逃脱沉没的厄运。

除船舶以外，潜艇在这片海域出事的概率也相当高。自1964—1990年的26年时间里，共有6艘潜艇在这里莫名失踪，而这段时间内全世界其他地区的潜艇失踪事件加在一起也不过11起。然而，对于发生在阿尔沃兰海的船舶、潜艇、飞机的失踪事故，人们始终没有得出合理解释，使这片海域显得更加神秘。

南极"魔海"威德尔海

令人望而却步的"魔海"不止在太平洋和大西洋，南极也有一个著名的神秘海域，它曾让许多航海家和探险家视为畏途，那就是赫赫有名的威德尔海。

威德尔海是南极的边缘海，也是南大西洋的一部分。它位于南极半岛与科茨地之间，最南端深入南极大陆海岸，形成一个凹入的大海湾。1823 年，英国探险家威德尔首先来到此处，并将这片海域命名为威德尔海。

威德尔海之所以被称为"魔海"，首先就是因为这片海域流冰的巨大威力。即使是南极的盛夏，威德尔海的北部也时常可见大片大片的流冰群，这些流冰群像一座白色的城墙，首尾相接，连成一片，有时中间还漂浮着几座巨大的冰山。有的冰山有一二百米高，有几百平方米的体积，远远望去，好像一个大冰原。这些流冰和冰山常常相互撞击，发出"隆隆"的恐怖响声，令人心生畏惧。

在威德尔海航行时，船舶只能穿梭在流冰群的缝隙之中，这也存在着相当大的隐患，说不定什么时候船舶就会被流冰群撞坏，或者被流冰永远困在南极的冰海之中。1914 年，英国的探险船"英迪兰斯"号就曾被威德尔海的流冰吞噬。

威德尔海的风向对航行船只的安全有着至关重要的作用。在刮南风时，流冰群会向北散开，这时流冰群之中就会出现一条条缝隙，船只可以在这缝隙中航行。但是，如果海面刮起了北风，流冰就会聚到一起，把船只团团围住。这时船只不仅要遭受流冰的撞击，还会因被围困，无法脱身。船只一旦被流冰包围，至少要在威德尔海的大冰原中待上一年，等到第二年夏季，才有可能冲破流冰，脱离险境。但是，这种可能性相当渺茫。因为一年之中，食物和燃料有限，特别是威德尔海的冬季，暴风雪肆虐，绝大部分陷入困境的船舶，都难以离开"魔海"，最终只能沉没在这片冰海之中。百年来，威德尔海域一直流传着"南风行船乐悠悠，一变北风逃外洋"的说法，直到今天，各国探险家们仍然恪守着这条原则，可见威德尔海的恐怖之处。

在威德尔海，除流冰和风雪对人施以淫威外，成群结队的鲸鱼对航船也是重大的威胁。每逢夏季，威德尔海便会聚集着成群的鲸鱼。这些体态庞大、令人生畏的海洋动物，时常在流冰的缝隙中，嬉戏打闹。别看它们在海水中悠闲自得，事实上它们相当凶残。当船只在冰海受困时，海水下面的鲸鱼群也成为了凶残的屠夫。一旦船舶下沉，船上无辜的船员就会成为鲸鱼的盘中餐。

绮丽幻美的极光和变幻莫测的海市蜃楼，是威德尔海的又一魔力。那瞬息万变的绮丽景色，常常使航海人感到神秘莫测，令人闻风丧胆。海市蜃楼倒映的陡峭冰壁，时常让人无法辨别方向，不少航海人为了躲避虚假的幻影，从而撞上了真实的冰山，最终船毁人亡。尽管威德尔"魔海"给人们带来无穷无尽的险境，但仍然不能阻止人们对南极的征服和探索。

流冰群

魔鬼海域吞噬一切

Part 9

神秘莫测海难事件

自人类航海以来，海难时有发生，有些海难尚且有迹可循，而有些海难却神秘莫测，令人无法解释。无人驾驶的货船竟在冰海上漂流了 50 年，更令人震惊的是，船体虽锈迹斑斑却无损坏，这实在难以置信。还有些船舶和舰艇，竟然在航行中神秘失踪，而失踪原因至今无人知晓。

大西洋，神秘的求救信号

"慕尼黑"号是一艘有着丰富航海经验的载驳船，它重达4.5万吨，船上装有当时最先进的通信设备和自动控制系统，是当时屈指可数的优秀载驳船。载驳船也叫子母船，是指在大船上安置驳船，驳船内又载有装载货物的船舶。由于载驳船不受港口水深限制，也不需要占用码头泊位，卸载货物均可在海面进行，因此它的装卸效率非常高。目前为止，拥有载驳船的国家并不多。然而，这艘拥有丰富出航历史的优秀载驳船，竟在航海途中神秘失踪，至今没有找到。

1978年12月7日，西德造船厂建造的"慕尼黑"号载驳船，缓缓离开不来梅码头，开始了它的第62次出航。"慕尼黑"号开足马力向美国萨瓦纳码头驶去。当时正值严冬，也是大西洋航海环境最恶劣的时候。北欧的海盗探险家曾说，冬季的大西洋暴风肆虐，海浪汹涌，是世界最差的航线之一。尽管"慕尼黑"号多次在冬季驶过大西洋，船长丹纳坎普仍根据气象资料谨慎地选择了航线。

离开码头后，"慕尼黑"号在大西洋连续航行了4天。12日午夜凌晨，"慕尼黑"号报务员恩斯特和他的好友——"加勒比"号报务员通话，告诉他："……天气不好，海面风浪很大，海浪不断冲击船身……"通信的内容断断续续，此时两船相距450千米。在这寂静的深夜里，船上的其他成员都进入了梦乡，然而这两个人却难以入眠。

凌晨3点钟，"慕尼黑"号发出遇险求救信号，船位于北纬46°15′、西经27°30′。最先收到信号的是希腊"麦里欧"号货船，但它始终没能与"慕尼黑"号取得联络。更令人奇怪的是，与"慕尼黑"号相隔不远的"加勒比"号为什么毫无反应？作为职业报务员，即使是下班时间也会有值班人员守听，而且不管是哪种值守机，在接到标准警报后都会自动报警。如果船舶的通信设备不正常，是禁止出航的。

"麦里欧"号货船的报务员发现无法联络"慕尼黑"号，只好替它转发了遇险求救电报。于是，在这茫茫的黑夜里，附近航行的许多船只和岸台都收到了"麦里欧"号转发的"慕尼黑"号船的求救信号。

15分钟后，有多艘船证实，有一个奇怪的电台向"慕尼黑"号发出了呼号："向前，左舷50°……"但"慕尼黑"号仍无音讯，没有任何应答，也没有报告事故原因。这个奇怪的电台自始至终都没有暴露船名，有人说这是海上的幽灵船。但是它为什么要指挥"慕尼黑"号"向前，左舷50°"呢？

12日早晨，美国海难救援中心发布公告，要求在"慕尼黑"号遇难海域航行的所有船只，都要改变航向，协助搜寻"慕尼黑"号遇难的船员。荷兰、比利时、西德、英国等国家相继派出救助拖轮，以最快的速度前往出事地点。

事发后，110艘大小搜救船和13架飞机赶往大西洋，搜救队在方圆100千米的海面上来回搜寻，但海面上除了汹涌起伏的海浪，没有"慕尼黑"号的任何踪迹。人们对此感到非常诧异，即使"慕尼黑"号遇难沉没，海面上至少也该有物品漂浮，但是茫茫大海中空无一物。救援队深知，随着时间的推移，寻找的希望也会越发渺茫。

天亮后，欧洲多个国家几乎都得知"慕尼黑"号载驳船遇难了。可是13日上午9点，比利时电台收到了一个德国口音的英文遇险呼叫，他说出了遇难船的船名、电台呼号和遇难船位。但令人奇怪的是，有丰富航海经验的报务员恩斯特，为何没有在国际遇险电台发出求救呢？

比利时电台立即将这一求救消息发到了国际电台，人们确定"慕

威风凛凛的载驳船

尼黑"号的船员还活着，救助"慕尼黑"号船员的希望之火再次燃起。
各岸电台纷纷指示救援船和飞机前去搜救，可是几个小时后，人们仍
一无所获，海面上根本没有"慕尼黑"号的踪迹。

中午 12 点，荷兰的救助船突然收到了"慕尼黑"号无线电发出
的微弱信号，经过测定，那正是"慕尼黑"号最后遇难求救的位置，
但是海面上却什么也没有。由于这种无线电仪器平时都安置在驾驶台
外，母船一旦沉没，它就自动浮起，电池遇水后就会自动向外界发出
求救信号。于是，美国海难救助中心当天下午宣布：西德籍"慕尼黑"
号载驳船于 12 月 13 日上午 11 点左右，在亚速尔群岛以北遇难沉没，
船上 28 人失踪。消息公布不久后，救援队在海面找到了"慕尼黑"
号装载的三艘驳船和一艘救生艇。

正当救援工作准备结束时，戏剧性的一幕发生了。当晚 6 点左右，
美国的海军电台连续收到 10 次内容相同的"慕尼黑"号求救信号，

并说船上有 28 人。另外两个美国电台也收到了相同的求救内容并录了音。专家由此判断，"慕尼黑"号并没有沉没，可能还在大西洋漂流。但是"慕尼黑"号究竟在何处？

为了搜寻"慕尼黑"号，多个国家派出船舶和飞机前赴大西洋海域搜寻，但是仍一无所获。从人们第一次收到"SOS"信号到最后一次收到呼叫相隔 40 多个小时，很难想象，这么长的时间里，人们在寒冷的大西洋海面，始终没有发现遇难船员和"慕尼黑"号的踪迹，甚至连反潜飞机也没有发现目标，这实在令人费解。

有权威人士推测，"慕尼黑"号可能遇到了突发事件，机舱被断电，或电台发生了故障，它很可能遭遇了袭击或劫持，袭击者将它带到了一个隐蔽的地方。电台修复后，报务员以生命为代价，发出了断断续续的求救信号。人们在海面发现的 3 艘驳船和 1 艘救生艇，很可能是劫匪故意制造的假象，用来迷惑众人。那么究竟是什么人劫持了"慕尼黑"号，他们又出于什么目的？不来梅法院对此一筹莫展，最后只好宣布"慕尼黑"号在驶往美国的途中，遭遇了暴风袭击，以致全船电力系统、通信系统和主机发生故障，最后身葬大海。

"慕尼黑"号载驳船失踪的真相，时至今日人们仍然不得而知。事故发生后，虽然疑点重重，但人们始终没能找到有用的线索，"慕尼黑"号沉船事件也成为航海历史上的一件悬案。

"阿夫雷"号潜艇神秘沉没

英国是世界海军强国，一直不遗余力地致力于潜艇部队建设。20 世纪 50 年代，英国海军拥有了一艘名为"阿夫雷"的潜艇，它是当时世界上吨位最大的潜艇，也是世界上装备最精良、完善的潜艇之一。

作为潜艇部队的代表，"阿夫雷"号一直是英国海军的骄傲。然而，天有不测风云，1951年4月中旬，"阿夫雷"号在英吉利海峡演练时突然失踪，时至今日它的失踪原因仍然无人知晓。

当时，"阿夫雷"号正在朴次茅斯到法尔茅斯之间的海域进行巡海练习，潜艇上共有75名海军官兵，其中有24人不属于这条潜艇，他们到这里参加"阿夫雷"号的首次训练，有些海军士兵是第一次出海。当天下午4点钟，"阿夫雷"号离开基地，到了晚上9点，基地突然接到它发出的信号："本艇即将沉没。"

随后，不管基地如何呼叫，"阿夫雷"号再也没有作出任何回应。它就这样在海底神秘地消失了，没有人知道它到底发生了什么事情。

英国海军在接到"阿夫雷"号的信号后，立即派遣救援队赶往出事地点搜救。同时，比利时、美国、法国等国家也纷纷派出舰艇，协助搜救工作。

很快，搜救队就到达了出事地点。海面上除了汹涌的波涛，没有"阿夫雷"号的任何踪迹，潜艇就好像从空气中消失了似的。英国海军并不死心，马上展开了第二次搜救行动。在这次行动中，英国海军动用了一切可能的先进设备，在"阿夫雷"号失踪海域展开全面、细致的搜索。扫雷艇、驱逐舰和护卫舰等舰只用潜艇探测器对英吉利海峡的海底进行探测，战斗机、直升机等各型飞机对海面进行全面扫描。在付出巨大的努力后，搜索结果仍令人失望，不但海面上一无所获，海底也一点迹象都没有。英国海军迫于无奈，只好放弃了搜索行动。

救援行动结束后，英国海军发布了一个简短的声明："鉴于搜索工作再也不能营救遇难者，因此海军部决定停止对"阿夫雷"号潜艇的搜索，同时表示极大的遗憾！"

扫雷舰

　　"阿夫雷"号潜艇的神秘失踪，引起了各界的热议。英国海军分析指出，"阿夫雷"号潜艇的失踪，很可能是受风暴影响。但也有人对此提出质疑，"阿夫雷"号的艇长海军上尉布莱克经验丰富，应该可以应对这种情况。这使"阿夫雷"号失踪案更加扑朔迷离。于是，救援工作草草了结后，专家们对"阿夫雷"号的失踪展开了进一步的研究和调查。

　　不久以后，特丁顿研究室的专家们研制出一种水下电视装置，他们利用它在水下对"阿夫雷"号进行再一次搜索。1951年6月14日，它在赫德深海一角发现了看上去极像"阿夫雷"号潜艇的残骸。通过对多角度拍摄的图像的研究和多次分析，专家们最终确认这就是"阿夫雷"号的残骸。

　　尽管人们找到了"阿夫雷"号的残骸，但对于"阿夫雷"号的失事原因仍然众说纷纭。从屏幕显示的图像来看，潜艇的桅杆已经折断，有人根据这一点，认为"阿夫雷"号曾在海面遇上了风暴。然而检查

结果表明，那是由于舰上桅杆焊接不过关造成的。英国当局的说法与此不同，他们怀疑"阿夫雷"号是因爆炸而沉没的，尽管这种说法的根据并不充分。直到今天，我们仍然无法断定"阿夫雷"号在失事前究竟发生了什么，使它身葬大海。

失踪的"蝎鱼"号

　　美国海军历史上有过两艘名字都叫作"蝎鱼"号的潜艇，虽然它们处于不同时期，却遭遇了相同的命运。第一艘"蝎鱼"号潜艇于1942年7月下水，10月1日编入海军服役。1943年，当时正值第二次世界大战，它活跃在太平洋水域，勇猛地攻击重兵护航的日本货轮；灵巧地躲过雨点般密集的深水炸弹；击沉货船、驱逐舰和配备重型武器的巡逻舰，屡立赫赫战功，凭借突然袭进和快速撤退，在美国海军史上留下了光辉的一笔。

　　1943年5月8日，"蝎鱼"号潜艇结束了它的首次巡航，返回珍珠港修正检查。一个月后，"蝎鱼"号再度出航。它在中途岛加足燃料，向东驶向台湾—对马—长崎航线。在这第二次出航中，它遭遇了一场艰苦的战斗。

　　7月3日上午，海面上迎来5艘由驱逐舰护航的货船。"蝎鱼"号立即开往作战位置。它向不同的方向发射5发排炮和3枚鱼雷，很快就听到了它们的爆炸声。两艘货船逐一被击中。由于敌方护航舰几乎跟它处于同一位置，"蝎鱼"号顾不得看清究竟，在射出最后一炮后就开始下潜，同时关掉了螺旋桨，以免卷起泥沙，悄无声息地潜在海底。

　　7枚距离较近的深水炸弹在它周围相继爆炸，潜艇被震得摇摇晃晃，像一片浮萍。潜艇上的所有士兵紧张地听着一声声爆炸声，炸弹却一颗也没有击中它。

几分钟后，一根链条撞击了潜艇外壳。士兵们屏住呼吸，谛听这根金属链条刮擦潜艇时发出的刺耳响声。紧接着，又是一颗深水炸弹的爆炸声。"蝎鱼"号开始慢慢地转向，它想改变航向，转移到较深的水域去。

潜艇再次被链条探测到了。和上次一样，随之而来的是深水炸弹的爆炸声，炸弹一颗接一颗地落下……当第 8 颗炸弹在水中炸裂时，"蝎鱼"号已经慢慢潜入了深水区，逃脱罗网，平安地离去了。

此次作战并没有使"蝎鱼"号遭遇到什么实际的损坏，只是通信设备完全失灵，有 8 天时间没能跟基地取得联系。此后，"蝎鱼"号离开作战区，于 7 月 15 日返回中途岛，8 月中旬回到珍珠港检修。这一次由于"蝎鱼"号英勇作战，获得了两枚星章。

10 月中旬，被视为骄傲的"蝎鱼"号再次出发巡航。它经过"魔鬼海"，在马里亚纳群岛附近追逐"神秘船"，攻击由军舰护航的运输船队。到 11 月初才返回珍珠港。此时，它已拥有 3 枚星章，成为一艘英雄潜艇。

1943 年 12 月底，在 M.G. 施密特海军中校的指挥下，"蝎鱼"号出海执行第四次巡逻任务，这也是它的最后一次巡航。

"蝎鱼"号重返"魔鬼海"水域，在离开珍珠港的第 5 天，它用无线电呼叫救援，并说艇上有 1 名船员手臂骨折，要求与附近水域的"鲱鱼"号会合。当时海面波涛汹涌，"鲱鱼"号无法让伤员登船，也没法将伤员送到中途岛治疗。

"蝎鱼"号了解到这一情况后，就在午夜前后发来电报，说："情况良好。"这是"蝎鱼"号发回的最后一句话，从那以后，便再也没

鱼雷

有任何音讯。基地命令"蝎鱼"号通话，但却始终没有得到回应。最后，美国海军只得断定，"蝎鱼"号在战斗中被日军击毁，包括舰长施密特在内的 5 名军官和 50 名士兵全部阵亡。

然而，事实真是这样吗？

战后人们仔细地检查了日本军方的档案，却没有找到任何记载。它并没有被日军击沉，当时日本人并没有见过它。直到今天，也没有任何资料说明它的下落。这艘潜艇携同 55 名海军官兵一起，在"魔鬼海"的深渊中消失得无影无踪。

第二艘名为"蝎鱼"号的潜艇是在被称为"魔海三角海"的大西洋中消失的。1958 年，第二艘"蝎鱼"号潜艇诞生，并在 1959 年 12 月 19 日举行了下水仪式，第一艘"蝎鱼"号艇长施密特的女儿玛格丽特也出席了活动。1960 年 7 月底，新的"蝎鱼"号潜艇正式服役，它被分配到大西洋舰队的第 62 潜艇分队 6 中队，主要在战术训练中负责攻击，偶尔也担任假想敌。新的"蝎鱼"号在训练时表现出色，两次获得嘉奖，成为美国潜艇中的佼佼者。

1967 年 2 月，"蝎鱼"号在诺福克军港休整检查并补充了核燃料。1968 年 2 月 15 日，"蝎鱼"号离开港口，前往地中海参与第 6 舰队的训练。5 月 21 日，"蝎鱼"号向基地发来报告说，他们已经到达大西洋的亚速尔群岛海域，一星期后抵达基地。但谁也没想到，这竟是"蝎鱼"号的"最后遗言"。

此后，"蝎鱼"号与人们完全失去了联络。美国海军在大范围海域，经过十多天的搜寻和调查，始终没有发现"蝎鱼"号的踪迹，只好将它列入失踪名单。到了 10 月 29 日，美国军舰"麦特"号在亚速尔群岛西南 800 千米的海底，发现了被埋在海底淤泥中的"蝎鱼"号。但是对于它的沉没原因，人们始终没能给出答案。

新"蝎鱼"号潜艇的离奇遇难，很快让人回想起第一艘"蝎鱼"

神秘莫测海难事件

号遇难的事情。虽然两艘潜艇所处时代不同，但却分别在太平洋和大西洋以不明原因消失在大海之中，是巧合还是另有隐情？时至今日，也没人知晓。

巨轮杀手"魔鬼海"

几百年来，太平洋的日本东京湾以东海域，吞噬了数以千计的船舶，不少轮船在途经此地时，都被波澜壮阔的巨浪颠覆。因此，人们将这片海域称为"魔鬼海"。

日本东京湾的东侧紧邻房总半岛，东濒烟波浩渺的太平洋。房总半岛最南端为野岛崎，它与横须贺隔海相望，其间相隔的便是东京湾的重要航道——浦贺水道。这里每天都有许多巨轮进出，成为世界有名的繁忙水道。

在这片海域，每年的 12 月到来年 2 月，常常会有一种高达二三十米的三角波浪，从海面喷涌而上，它携带的几千吨剧烈翻腾的海水，足以将一艘巨轮劈成两截。近十几年来，已经有数十艘巨轮在此罹难，百余人丧生。于是，这里便成为航海家和飞行员望而生畏的海区，人们称它为太平洋上的"魔鬼海"。

这片海域是北太平洋的重要航道，它给现代海上运输带来了巨大的灾难。有些轮船在遇难前，甚至连无线电求救信号都来不及发出，就深沉大海；有的船虽然发出了"SOS"求救信号，但当救援队赶到时，轮船早已销声匿迹，海面上仅仅留下了漂浮物和浮油。

1980 年 11 月 27 日清晨，"尾道丸"号在美国南部的莫比尔码头起航。这艘货船装载着 5.39 万吨的煤炭，穿越墨西哥湾，进入巴拿马运河，然而又进入浩瀚如烟的太平洋，向日本驶去。

经过 1 个月的连续航行，"尾道丸"号行驶到西太平洋低压中心的南缘。"尾道丸"号在此遭遇了强西风和大波浪的袭击，迫使它减慢了航速。

12月30日下午2点半，"尾道丸"号船体在前进过程中受到周期性冲击，舰首在涌浪起伏。正当舰首随着浪谷下降的瞬间，突然，舰首右舷出现了十几米高的巨浪。巨浪将舰首高高抬起，随后一个大浪汹涌袭来，舰首当即被斩断，上夹板也遭到了严重的破坏。这时，巨轮位于北纬31°、东经156°11′处。

下午4点半，主机停止运转。7分钟后，舰首开始向下倾斜，角度也越来越大，最后成了垂直状态，上甲板也完全损坏了。到了下午4点49分，舰首断离，向右舷的后方漂去，顷刻间消失在惊涛骇浪之中。可怜的"尾道丸"号成了一艘无头船。

傍晚6点04分，在"尾道丸"号附近航行的日本矿砂船"达比亚丸"闻讯赶来，前来救援。12月31日上午8点半，人们对"尾道丸"号的货舱和压载水舱进行检查和测量，发现2号舱压载水舱进水，3号和4号压载水舱情况正常。人们为使船体得到平衡，于是从"尾道丸"号的尾部排出了260吨水。

1981年1月1日5点20分，全体船员准备弃船，船上只有一台发电机继续运转，为航行灯供电，并点亮全部甲板灯，以免其他船只在黑夜中与遇难船发生碰撞。同时，船员们准备好4只胀气式的救生筏，一只在甲板上先吹鼓，另外3只在海面上吹胀。20分钟后，29名船员坐上救生筏，离开了"尾道丸"号。船员们乘坐着救生筏在海浪中颠簸，他们拼命地向救助船"达比亚丸"号划去。

经过两个小时的奋力自救，遇难的29名船员终于登上"达比亚丸"号，安全得救。

北太平洋冬季的风浪很大，不过对于万吨级以上的巨轮来说，并不能构成严重的危险，因为船舶在设计时，已经考虑了抗风浪的能力。

神秘莫测海难事件

然而，当巨轮行驶到"魔鬼海"时，那里高达二三十米的金字塔"三角波"，足以将万吨巨轮拦腰摧毁，将其推往"魔鬼海"的深渊。

这种奇怪的"三角波"的形成，至今仍是个谜。有人猜测，野岛崎以东的海底是火山和地震活跃地带，当海底火山喷发或海底发生地震时，形成威力无比的巨浪，当航行的船舶遇上它时就会罹难。也有人说，海中来自不同方向的波浪和涌浪，在恶劣的天气环境下，叠加形成奇峰异波，当船舶与它相遇时就要遭殃。

"魔鬼海"的地理位置较为特殊。这里是世界著名的暖流——黑潮所流经的海域，因而水温较高。同时，从西伯利亚吹来的冷空气也恰好到达这一海域。每到冬季，这里的水温和气温就会相差 20°，因此海面上空经常产生强烈的上升气流。但是，低气压的寒冷锋面过后，往往会造成风向的突然转变，从而形成海面上汹涌澎湃的三角波。每年的年底到年初，从西伯利亚过来的冷空气、低气压通过这里时，海面上就会狂风四起，海浪奔腾。这里也是北太平洋最高的波浪区。

为了揭开"魔鬼海"三角波的神秘面纱，保证冬季北太平洋航船的安全，日本政府在"魔鬼海"上建立了自动观测海洋浮标。这种浮标的直径为10米、高12米，可以自动勘测太平洋的波浪、气压、风力等资料。此外，还派出海洋调查船，对该海域的地形、气象和环境做出全面调查，以

便综合分析海情。或许在不久的未来，人们可以解开"魔鬼海"的奥秘。

"赛勒姆"号沉没真相

　　"赛勒姆"号是一艘利比里亚制造的超级油轮，然而这艘超级油轮却在 1980 年 1 月 17 日上午葬身大海。更令人震惊的是，没有人知道这艘油轮沉没的原因。

魔鬼海

1月17日上午，"赛勒姆"号行驶到西非塞内加尔近海时突然沉没。当时英国的"海神戟"号也在附近海域航行。"海神戟"号的眺望员首先发现了远处遇难的"赛勒姆"号，随后向船长报告。"海神戟"号船长立即下令，全速驶向"赛勒姆"号，准备救援。这时，"赛勒姆"号已经冒起了浓烟，并且船头开始倾斜，缓缓向大西洋中滑去。

　　"赛勒姆"号的船长是希腊人迪米特里奥斯·乔古利斯，他眼看情况越发危急，于是下令弃船，带着22名船员乘坐着两艘救生艇向远驶去。就在他们在海面划行时，遇到了前来救援的"海神戟"号，全体船员幸运得救。几分钟后，"赛勒姆"号下沉的速度加剧，在人们的注视下，消失在茫茫大海之中。

　　"赛勒姆"号最终沉没在大西洋最深处的海沟里。事发之后，"赛勒姆"号所装原油的货主，希尔国际贸易公司向投保的英国劳埃德保险公司索取赔偿。这是劳埃德保险公司成立以来最大的一起保险赔偿案，赔款总额高达5630万美金。对于这起事故，劳埃德保险公司认为"赛勒姆"号是故意沉没的。如果这件事情属实的话，这将是历史上最大的一起海事保险诈骗案！为此，劳埃德保险公司的人员和海洋事故调查专家对这起事故进行了周密的调查。

　　然而，事故调查毫无进展。"赛勒姆"号故意沉没的证据并不充足，正当专家们一筹莫展之际，海运业内又引起轰动。希尔国际贸易公司对"赛勒姆"号的船主弗雷德里克·沙丹提出起诉，控告他在南非秘密命令"赛勒姆"号卸下17万原油，从中牟取利益。

　　在事故发生前，南非已被列入阿拉伯石油生产组织的禁运名单。南非本国石油资源匮乏，对石油的需求完全依赖进口。由于阿拉伯生产组织的禁运，南非对石油的需求十分迫切。因此，南非比勒陀利亚政府不止一次地对外宣布：南非将不惜一切代价，收取任何价格、国家的石油。换而言之，南非政府不惜一切手腕进行石油交易，从而获取暴利。希尔国际贸易公司认为，在巨额利益的煽动下，"赛勒姆"号的船主极有可能铤而走险，做出私下卸载原油的行为。

一石激起千层浪，一时间，"赛勒姆"号沉船事件在西方海运业搅起风云，甚至连英国政府也对此事进行了详细且周密的调查。所有的疑点都集中在了"赛勒姆"号的船主沙丹身上。

沉船事件

沙丹，36岁，是美籍黎巴嫩人，自称是石油掮客和保险代理人，住在休斯。1979年10月，他在英国开设了一家独自运营的牛津海运公司。11月，他斥巨资买下了瑞典一艘具有10年航龄的超级油轮，并将它改名为"赛勒姆"号，并聘请有丰富航海经验的伯特·斯坦因担任船长。在召集一些船员后，"赛勒姆"号开始了它的首次航行。它在科威特装载上14.4万吨原油后，开始向意大利的热那亚进发，将原油卖给了那里的一家石油公司。"赛勒姆"号返航后，沙丹又聘请了希腊人迪米特里奥·乔古利斯接替斯坦因的职务，再次从科威特运输原油。然而，这一次"赛勒姆"号却发生事故，在塞内加尔海附近莫名沉没。

针对这些情况，英格兰政府决定双管齐下，在对沙丹进行监视的同时，对乔古利斯以及其他海员分别进行调查。经过不懈的努力，人们对事故有了初步的推测。据推测，事情的经过是这样的：

12月17日，"赛勒姆"号在南非最大的港口班德抛下锚。随后，他们开始秘密卸下原油，并在油舱中灌入海水，同时还将船的名字涂改为"利马"号。翌年1月初，他们再次秘密起航，离开了班德港。为了掩盖这个惊天秘密，当"赛勒姆"号航行到塞内加尔海域时，故意在那里沉没，制造失事的假象。如此一来，他们不仅能够倒卖石油牟取暴利，还能获得一笔不菲的保险赔偿金，真是一箭双雕。

此调查结果一出，不少人相信这就是事情真相。英国"海神戟"号的船员，为此事提供了重要的证据。当时，他们亲眼看到装载十几万吨的"赛勒姆"号沉没，但是溢出海面的原油却极少，那时就有不少船员对此事感到奇怪。不久后，"赛勒姆"号的一个突尼斯船员，提供了更有力的证据。他向英国政府交代了"赛勒姆"号在班德的停留时间，以及油轮沉没的大体情况，这和人们预先推测的情况大体相同。他说，在油轮沉没的时候，船内的原油确实很少。不过，原油是否被换成海水他就不得而知了。由于"赛勒姆"号私下卸载原油的证据不足，所以此事还没有下定结论。

人们对沙丹进行了长时间的监视，但并没有什么发现；对于乔古利斯，虽然事实证明他的船长执照是伪造的，他并没有船长资格，而且他还与以往的一起沉船案有关，但在此次失事问题上，乔古利斯说自己的航海日志和油轮一起沉没了，所以政府对他也无可奈何。

尽管人们花费了大量时间和精力，调查"赛勒姆"号的沉没真相，但结果仍然是"证据不足"，"赛勒姆"号沉没的真实原因，始终没有人知晓。

Part 10

令人深思的近期海难事件

　　人类航海历史悠久，海难也频频发生。自从人类步入文明社会，科学技术也取得了非凡的成绩。为预防海难，人们在海洋上建立瞭望台、观测台、水下探测器、航线指示标等，虽然有效地减少了海难的发生，但当凶猛的自然力量袭击而来时，人们还是难以抵抗它的威力，受其迫害。

印度洋大海啸

千百年来，浩瀚如烟的汪洋大海，为人类带来了丰富的海洋资源，同时，它的波澜汹涌也给人们带来了重大的灾难。尤为令人畏惧的，就是象征灾难的海浪——海啸。

海啸通常是由海底下 50 千米以内的震源和海底里氏 6.5 级以上的海底地震引起的。不过，沿岸山崩或火山爆发也可能引起海啸。海啸时掀起的狂涛骇浪，高达数十米，形成一栋凶猛的"水墙"。另外，海啸波长很大，可以传播几千千米。因此，当这股汹涌恶浪扑上海岸时，人类将受到严重的威胁。

2004 年 12 月 26 日，印尼苏门答腊以北的安达曼海底发生了一起 9.3 级的大地震。海水仿佛开了锅似的，奔腾不息。远处的陆地都在晃动，人们抱着脑袋四处躲逃。雅加达、曼谷当地时间为上午 7 时 58 分 55 秒（北京时间 0 点 58 分 55 秒），狂澜惊涛以迅猛之势袭击了附近的海岸。这是自 1960 年智利大地震和 1964 年阿拉斯加耶稣受难日地震后最强的地震，也是近 2000 年以来规模第二大的地震。海啸掀起数十米的海浪，波及范围远至波斯湾的阿曼，非洲东岸索马里及毛里求斯、留尼汪等国，造成了巨大的人员伤亡和财产损失。

奔腾的海浪连成一片，形成一道数十米高的"水墙"，以摧枯拉朽之势向海岸袭来。一道高过一道的惊涛骇浪，发出令人胆战的"隆隆"声，十几米高的浪头恶狠狠地拍打着海岸，随后又一个巨浪接踵而来。奔腾的巨浪泛着白色的泡沫，一次次冲击着印尼海岸。海啸用无比的威力，掀翻了海面上停泊的船只，击碎了海岸的建筑，恶浪无情地将岸边的人卷入深海，只是刹那间，残垣遍布，一片狼藉。

海啸过后，荒尸遍野，一片狼藉。在这次威力巨大的海啸中，印

令人畏惧的海啸

度尼西亚在海啸过后，城市荒凉一片，颓垣断壁，白骨露野。据当局数据显示，当地有 23 万余人死亡，1240 人失踪，4.4 万人接受了救治，61.7 万人流离失所。地震开始时，很多建筑坍塌，随后汹涌的骇浪袭击着整个城市。亚齐省西南岸的 17 个村庄被海浪冲塌，顷刻间化为乌有。这场无情的海啸，给当地造成了难以估量的巨大损失，也给人们带来了不可磨灭的心理创伤。

斯里兰卡的受袭严重程度仅次于印尼国家，它的遇难总数超过 4.1 万人，多数是儿童和老人；失踪人数有 5600 余人。这场海啸致使一列运行的火车出轨，造成 1400 余人伤亡。当地媒体报道，海水入侵时，曾在战争中留下的许多地雷浮出水面，这给难民们带来了严重的威胁。随后，斯里兰卡政府宣布全国进入灾难状态，派出 2 万余名军人在政府控制区域维护治安。

印度也遭受了这场大海啸的袭击，印度政府确认有 1 万余人死亡，5600 余人失踪。

远东的缅甸，也遭遇了海啸的冲击，当地有 61 人在海啸中遇难。

受到海啸严重侵害的还有泰国。这场海难在泰国造成 5395 人死亡、9457 人受伤和 2845 人失踪，其中有一半都是前来旅游的游客。从 12 月 28 日起，泰国连续降半旗三天以示哀悼。当地受损最为严重的是旅游胜地普吉岛，尤为惨重的是面向震中的巴东海滩。海啸发生时，岛上至少有 200 家度假屋被巨浪卷入深海，不少居民和游客被海浪夺去了生命，灾情十分严重。

马尔代夫是一个由珊瑚礁组成的岛国，它的大部分领土海拔不到 1 米。当海啸袭来时，马尔代夫的首都有三分之二的地方都被海水淹没，一些偏远的底地环礁严重受损，甚至有些岛屿完全被淹没，失去了通信联系。这次海难共导致马尔代夫有 82 人死亡，31 人失踪。

马来西亚官方称，当地共有 68 人遇难，大部分都是槟榔屿居民。远在南亚的孟加拉国也有 2 人遇难身亡。事发地点位于当地的旅游胜地，当时正逢圣诞节，受灾地区聚集了很多本地居民和外来游客，不少不远万里前来度假的游客却被这汹涌的海啸吞噬了生命。据统计，此次地震和海啸使 29.2 万人罹难，其中有 1/3 都是儿童，这是因为他们可能对发生疫症的抵抗力较低。此外，海啸把许多海边的工作人员和在沙滩上享受假期的游客卷入深海，致使不少人失踪。

非洲东海岸也有不少人员在这次海啸中遇难，其中索马里有 298 人死亡，坦桑尼亚死亡 10 人，肯尼亚死亡 1 人。不过，国际救援人员认为，索马里的遇难者人数可能被夸大了。

海啸通常发生在环太平洋地震带附近的海岸，因此，濒临太平洋的国家和地区都在海面建立了海啸预警系统，而且当地居民对海啸也十分熟悉。但是，印度尼西亚群岛的中部和东部曾遭遇的海啸，如 1992 年弗洛勒斯岛、1993 年爪哇和 2000 年苏拉威西岛等地遭遇的海啸都是由地震引起的。而苏门答腊岛海岸乃至整个印度洋海岸，上次遭遇海啸是在 1883 年，由喀拉喀托火山爆发所引发的海啸。因此，这次地震和海啸致使大量人员伤亡的主要原因是当地居民几百年没有遇过海啸，对海啸知识匮乏，没能在海啸来临之前做好防啸工作。印度洋沿岸各地区也并不重视海啸的威胁，没有建立有效的海啸预警系统。

"岁月"号浸水沉没

2014 年 4 月中旬，韩国仁川港口微风徐徐，人群熙攘，热闹非凡。"岁月"号客轮在这里靠岸，准备迎接它的乘客。4 月 15 日下午，当最后一名乘客登上客船后，"岁月"号准备完毕，缓缓驶出仁川港口，向韩国济州岛驶去。

"岁月"号隶属于韩国仁川全海镇的一家船舶海事公司，它是 1994 年由日本长崎造船厂建造的大型客轮，能够容纳 900 人，还可以装载车辆，总吨数为 6587 吨。它是一艘滚装客船，货舱内并没有设横舱壁，舱内支柱也不多，这使它重心较高，缺乏稳定性，而且该船的结构强度和抗沉性也较差。

这天，"岁月"号载着 325 名中学生、15 名教师、30 名船务人员和其他 89 名乘客，以及 150 辆汽车和 1157 吨货物离开了港口，开始向目的地进发。一路上，"岁月"号安详地行驶在海面上，乘客们在船上度过了一个愉快的夜晚，所有人都非常期待到济州岛的度假之旅。

然而，意外还是不可避免地发生了。

济州岛的风光

4月16日上午7点55分左右,"岁月"号航行至韩国西南海域时,竟然发生了水浸事故,几分钟后,船体倾斜开始下沉。据获救乘客回忆,出事之前,客船好像和什么东西发生了剐蹭,没过多久,船上的集装箱等物体都倒向一边,使船体倾斜严重。船上开始广播,告诉人们情况很危险,不要四处走动。

发生事故后,船长立即发出了求救信息,说明客船正在下沉。当时是7点58分。韩国海警部接到求救信号,立即派出救援队前去救援。一个小时后,"岁月"号在全罗南道珍岛郡观梅岛附近海域,再次发出求救信号。

9点31分,此时"岁月"号已经在海水中浸泡了两个多小时,客船经受不住海水的压力,先发生了侧翻,进而倾覆。几分钟后,船尾沉入海中,船首上扬,随后逐渐下沉,直至淹没了船首的大半。这时候,已经穿好救生衣的遇险乘客,纷纷落水,等待救援。

这次海难可以说是在全世界的媒体直播下发生的,但韩国政府的救援工作却令人不敢恭维:救援力量在出事后半个小时就抵达了出事地点;但近三个小时过去了,大部分人却没有被救出,一艘海轮就在媒体的众目睽睽之下,和救援人员的包围下带着无法出来的乘客缓慢沉入海洋。美国全国广播公司给出结论:"这是全世界最致命的海难"。据韩国本地媒体报道,绝大部分获救的乘客是自己设法逃出生天的。由于这次海难事故发生在近海,出事当天的海事状况良好,风平浪静。周边岛屿众多,离韩国本土不过数十海里,发生如此大的海难实在令人匪夷所思。

截至2014年5月15日上午,最终确认"岁月"号事发时搭载的476人中,172人获救,23人下落不明,281人确认遇难,其中还有两名中国乘客,失踪名单中还有一位来自中国的女学生,但未知她的国籍。搜救行动也告一段落。

通过分析，这次沉船事故并非意外，而是由于船长等人的操作不当。专家经过分析后，初步得出结论：事发前，客轮很可能突然转变航向，这使原本固定在船内的货物发生移动，倒向一侧，船体失去重心后迅速倾斜沉没。

有乘客指出，"岁月"号的最上层甲板后部全部都改成了客房，并将船桥后部原有的紧急摩托艇撤掉了。而且他们还将客船的承载人数由804增加到921人，但是船内并没有匹配相应的救生圈。因此有人认为，改装"岁月"号与此次沉没事件也有相当大的关系，因为该船在日本航行期间从未发生过触礁之类事故。还有效率低下的救援行动也是造成如此惨重后果的原因之一。

2014年5月15日，韩国地方法院对"岁月"号船长以及15名船员开庭审理。其中船长李准石以及另外3名船员被控杀人罪，其余11人则涉嫌遗弃致人死亡罪。2014年11月11日，韩国法院最终判处失事客轮"岁月号"船长36年有期徒刑。

俄罗斯伏尔加河沉船事故

"布加尔"号隶属俄罗斯的一家旅游公司，是一艘老船。这艘游船是1955年由当时的捷克斯洛伐克造船厂建造的，它的标准搭载乘客人数为120人。不过，"布加尔"号后来曾进行过改造，在改造过程中，人们把船上的4艘救生艇减为2艘，但是在遇难之际，仅有1艘救生艇派上了用场。

萨马拉河旅游公司负责人德米特里·沃罗帕耶夫说："'布加尔'号这类游船的船舱，缺乏水密舱分隔，一旦发生触礁等事故，船舱就会大量进水，用不了几分钟就会身沉大海。"

2011年7月10日，"布加尔"号游船和往常一样，离开布加尔市港口，向鞑靼斯坦首府喀山驶去。然而，这艘老游船却在俄罗斯鞑靼斯坦共和国境内的伏尔加河沉没。

当时，"布加尔"号上共有182人，其中有125名乘客。获救者回忆说："'布加尔'号沉没得非常快，大概只有几分钟。当时我们距离河岸有3千米，雷雨交加，救援非常困难。"事发后，船长立即发出了求救信号，并命令船员放出救生艇。危急关头，只有1艘救生艇被成功放到了河面。俄国紧急情况部部长在接到求救信号后，立即派出水上救援机构和80余名救援人员前去援助。

很快，救援队赶到了事故地点，但由于当天雷雨交加，救援工作进展得并不顺利。当时，"布加尔"号早已经沉没了。救援队费了好一番工夫儿，才搜寻到70余名幸存者。更令人意外的是，没有人知道游船为何沉没。

随后，救援队立即吊起沉船的上层甲板，原本计划就地进行密封和排水，但考虑到技术安全，救援队最后决定用2台起重机械，将沉船拖运至浅水区吉列里斯科耶河湾。由于浅水区距离事故地点有12千米，3个小时后，"布加尔"号才被拖运到浅水区。

救援队在浅水区对"布加尔"号的舱门和舷窗进行密封，使用水泵将船体内的积水排干。在完成这些作业后，"布加尔"号被拖到一个浮动船坞里，调查人员将对船体进行研究，分析失事原因。

7月25日，俄国紧急情况部门发布消息：伏尔加河沉船事故的搜救工作已于当日结束，沉没时船上载有201人，其中79人获救，另外122名遇难者的遗体已经全部找到。这次海难的遇难者以女性为主，另包括28名儿童。

俄国紧急情况部伏尔加地区中心的主任伊戈尔·帕尼申就船只失事原因进行了说明："'布加尔'号游轮的内部和外部并没有明显损伤。舱内仪表显示，这艘游轮在失事前正以全速向浅滩方向行驶。我们会

伏尔加河沉船

继续对此事故进行调查。"

由于"布加尔"号游船严重超载，而且安全系统不过关，因此，俄国警方对"布加尔"号游轮所属旅游公司的总经理和一名航运部门的负责人进行逮捕。另外，在"布加尔"号游轮沉没过程中，曾有两艘船只途经事故现场，但未施以援手，检察机关也对其两名大副提起公诉。

不过，"布加尔"号游船的具体失事原因，俄方始终没有公布。

意大利豪华邮轮触礁侧翻

"科斯塔·康科迪亚"号是一艘意大利籍豪华邮轮。该邮轮隶属歌诗达邮轮公司，由芬坎蒂尼船厂耗资 5.7 亿美元建造，船身长 290 米，排水量 11.4 万吨，于 2006 年正式下水，可同时容纳 3780 位乘客和 1100 名船员。

这艘邮轮上各式娱乐设施齐备，它的设计极其考究、豪华，它拥有 3 层楼高、高科技设施的剧院；非常舒适且能看到海景的舱室；各式服装店；9 层高、装潢大气的观景电梯；装潢精致的酒吧；设计独特的回旋餐厅；北欧风格的咖啡厅；泳池等等设计豪华的设施。这艘邮轮在官方网站上丝毫不掩饰自己的骄傲，广告语中这样描绘道："让你大开眼界的海上宫殿。"

然而，这艘豪华邮轮却在 2012 年 1 月 13 日 8 点左右，在意大利附近海域触礁搁浅，并造成部分游客身葬大海。

1 月 13 日，"科斯塔·康科迪亚"号邮轮正在进行环地中海的旅程，当它行驶到意大利季略岛附近时，意外撞上了暗礁，这艘豪华邮轮的船体被割开一个巨大的裂缝，海水迅速灌进了船体，不一会儿，邮轮就出现了倾斜。

事故发生后，船员们立即开始了疏散工作，乘客们被要求穿上救生衣并登上救生艇。然而在疏散过程中，船体的倾斜程度加剧，一些乘客为了逃生，纷纷跳入海中自救。

事故发生时船上有 4200 余人，其中有 1000 余名船员。在 3000余名乘客中，有 1/3 的乘客为意大利人，还有德国人和法国人等。当时船上还有 22 名香港游客，幸运的是他们被证实全部获救。

1 月 13 日早上 8 点钟，人们听到一阵"轰隆"巨响，接着船上就断了电。这时候，船员告诉乘客们，邮轮发生了电路故障。几分钟后，他们又告知乘客邮轮撞上了礁石，并要求大家穿上救生衣。尽管船员们已经尽力控制船上的秩序，但还是难以安抚乘客们的恐惧。在船员们疏散乘客登上救生艇的时候，邮轮出现倾斜，开始下沉。这引发了乘客们无限的恐慌，甚至有些乘客仓皇跳入海中。

一位幸存者说："当时邮轮开始下沉，所有人都惊慌失措地奔跑。我们不知道事态究竟有多严重，只希望赶快跑到救生艇上去。大家都恐慌极了，开始互相推搡，好多人从楼梯上掉了下来。这像极了《泰坦尼克号》里的情节……"

这艘意大利的豪华邮轮搁浅在礁滩上，整个过程与"泰坦尼克"

号没什么两样。游客们惊惶无措，尖叫声萦绕在邮轮的各个角落，甚至有人跳海逃生，场面非常恐怖。在灾难的映照下，人性的善与恶被揭露得淋漓尽致。一位65岁的女士回忆说，当时她幸运地登上救生艇，但是救生艇上的人也非常惊慌。甚至有人开始去抢别人身上的救生圈，即使是老人和小孩，也没有人放过。

事故发生后，船长弗朗切斯科·斯凯蒂诺立即发布了求救信号。当时港口的官员问及事故情况时，了解到弗朗切斯科船长想要弃船而逃。这位港口官员当即命令他："你现在必须马上回到船头上去，上应急梯，协调疏散……你必须要告诉我船上一共有多少人，多少乘客，多少儿童、妇女，每一类人具体多少。"但是船长并没有执行港口官员的命令。港口官员非常气愤，质问他，身为船长为什么不去疏散船员，难道想要放弃救援么？

与此同时，意大利海岸警卫队在收到报案后，立即派出救援人员前去救助。很快，救援队就赶到了事发现场。然而，当时天气情况并不是很好，在营救的最后时间，许多乘客仍然被困在邮轮中难以获救。救援人员表示，伤亡人数可能进一步上升。据报道，死者中有一位70岁左右的男性，在邮轮搁浅后，因跳入冰冷的海水致使心脏病病发身亡。另外，此次海难造成多人受伤，其中有2人伤势严重。

截止到14日上午10点，当局救出了约3000名乘客和1000名船员，但仍有约200人被困船上。当天晚上8点左右，"科斯塔·康科迪亚"号邮轮倾斜加剧，而且船的左舷被划开一个百米长的裂口。

14日下午1点半，救援人员在搜救过程中，发现了裹着毛毯、安然无恙的弗朗切斯科船长。救援队提醒他船长应该与船同在的传统，但是弗朗切斯科拒绝回到他的船上。当时，距离救援队宣布结束疏散行动还有4个多小时。据报道，弗朗切斯科船长在上岸后，招来一辆出租车，并让司机带他远离这里。

搁浅的豪华邮轮

　　一段时间过后，当局派出直升机和军舰前来支援，一些过往船只也加入援助的队伍，获救的人员被暂时安置在邻近的吉利奥岛上。当地的居民热心地为遇险者提供了食物和毛毯，当地旅馆、学校和体育场馆也向他们免费开放。4 个小时后，救援队结束了海面的搜寻工作，并成功营救了一些受困乘客，随后派遣潜水员对沉没在海中的部分进行搜寻。

　　经过救援队不懈的努力，最后有 4000 余人成功获救，32 人丧生，2 人失踪。事故结束后，意大利警方立即对弗朗切斯科船长进行通缉，并成功将他抓获，他将面对杀人罪、弃船罪等指控。

　　在"科斯塔·康科迪亚"号触礁倾斜的 20 个月后，也就是 2013 年 9 月 17 日，救援队对邮轮的扶正打捞工作正式展开，经过 19 个小时的复杂操作，人们终于将这艘重达 11.45 万吨的"庞然大物"完全扶正，彻底摆脱了侧翻状态。据报道，此次救援工作有 500 名工作人员参加，消耗巨资 11 亿美元。

　　2014 年 7 月 23 日，在意大利附近海域触礁搁浅的豪华邮轮"科斯塔·康科迪亚"号，终于完成了脱浅工作，重新浮上水面。随后这艘豪华邮轮，经过 4 天的拖航，最终抵达热那亚完成拆解工作。